# Eistedd ar Gro

I Lorraine

oddi wrth

*[llofnod / signature]*

# EISTEDD AR GROEN IETI

## Llifon Jones

Cyhoeddiadau Prentis
Gwasg Taf
1992

*ISBN 0–948469–42–0*

MAE'R LLYFR HWN YN ADDAS I DDYSGWYR

Cysodwyd gan Afal, Caerdydd
Argraffwyd gan Y Lolfa, Talybont

Er cof
am
fy rhieni
W. E. ac Annie Jones

# Cyflwyniad

Mae'n bleser mawr gennyn ni gyflwyno'r llyfr yma ar gyfer pobl sy'n dysgu Cymraeg, a phobl sy'n siarad yr iaith yn rhugl.

Llyfr o storïau ydy hwn ac efallai y daw cyfle i ni fel golygyddion *Prentis* olygu mwy o lyfrau amrywiol yn y dyfodol.

Rhaid i lyfr storïau da, wrth gwrs, gynnwys storïau diddorol, ac mae'r gyfrol yma'n amrywiol, yn ddiddorol ac yn ddoniol. Mae'n addas felly ar gyfer unrhyw un sy'n hoffi stori dda!

Bwriad y llyfr ydy rhoi mwynhad i'r darllenydd, a gobeithio y byddwch chi'n mwynhau ei ddarllen o.

Hoffen ni achub y cyfle i ddiolch yn fawr i'r Cyngor Llyfrau Cymraeg ac i Athrofa Gogledd-Ddwyrain Cymru am eu cefnogaeth barhaol i'r cylchgrawn *Prentis* ac i'r llyfr yma.

Diolch yn arbennig i Llifon Jones am ei gyfraniadau i *Prentis*, ac am ei storïau amrywiol yn y gyfrol yma.

Non ap Emlyn
Margaret Wallis Tilsley

# Llifon Jones

Ganed Llifon Jones yng Nghapel Curig, Gwynedd. Aeth o i ysgol gynradd y pentref ac i Ysgol Ramadeg Llanrwst am flwyddyn. Yna, pan oedd o'n ddeuddeg oed symudodd ei deulu o i fyw yn Llundain. Aeth o i Brifysgol yn Llundain i dderbyn hyfforddiant i fod yn fferyllydd. Roedd o'n fferyllydd yn Llundain am wyth mlynedd, cyn dychwelyd i Gymru ym 1969 i gadw busnes fferyllydd ei hun yn Llanbedrog ger Pwllheli.

Ym 1976 symudodd o i fyw yn Llandrillo-yn-Rhos a gweithio fel fferyllydd ym Mae Colwyn. Ar hyn o bryd mae o'n gweithio fel locwm.

Mae o wrth ei fodd yn barddoni ac mae o wedi ennill nifer o gystadlaethau mewn eisteddfodau. Fo enillodd y gadair yn Eisteddfod Dyffryn Ogwen ym 1989. Mae ganddo fo ddiddordeb mewn ieithoedd hefyd, yn arbennig Ffrangeg. Mae o wedi ennill nifer o wobrau yn yr Eisteddfod Genedlaethol am gyfieithu dramâu o'r Ffrangeg, ac mae dau o'r cyfieithiadau eisoes wedi cael eu cyhoeddi yn Gymraeg, sef "Ffansi", gan Alfred de Musset, a "Y Balconi", gan Jean Genet.

Yn ogystal, mae o'n hoffi ysgrifennu ar gyfer pobl sy'n dysgu Cymraeg, gan gynnwys ysgrifennu storïau i'r cylchgrawn *Prentis*. Roedd o'n fuddugol yn Eisteddfod Genedlaethol Dyffryn Conwy, 1989 am ysgrifennu dramodig a storïau byrion, ac mae'r gwaith hwnnw yn y gyfrol yma.

# Rhagair

Hoffwn ddiolch i Lys yr Eisteddfod Genedlaethol am ganiatáu i mi ddefnyddio'r ddramodig, 'Pawb â'i Groes' yn ogystal â chwech o storïau a ddaeth yn fuddugol yng nghystadleuaeth rhif 83 yn Eisteddfod Genedlaethol Dyffryn Conwy, 1989.

Diolch hefyd i Wasg Taf am gyhoeddi'r gyfrol ac am waith mor lân; i Euryn Davies am deipio'r sgript; i Rod Knipping am ddylunio; i Hedd ap Emlyn am ddarllen y proflenni; a diolch yn arbennig i Non ap Emlyn a Margaret Wallis Tilsley, golygyddion y cylchgrawn *Prentis*, am olygu'r gwaith, am eu cymorth parod, ac am fy annog i'w ysgrifennu.

Llifon Jones

# Cynnwys

# Disgwyl Trên

Roedd Peredur Wyn Parri a'i wraig, Gina Sophia, braidd yn drist. Roedden nhw ar eu gwyliau yn Ne Cymru ond roedd y gwyliau bron ar ben ac roedden nhw yng Ngorsaf Caerdydd yn disgwyl y trên i fynd â nhw'n ôl i Ynys Môn.

Roedd Peredur yn falch mai ar y trên roedden nhw wedi dod achos roedd teithio ar y trên yn rhoi digon o amser iddo fo allu ymlacio ac edrych drwy'r ffenestr ar y wlad. Roedd hyn yn well o lawer na gyrru car. Roedd Peredur yn falch hefyd eu bod nhw wedi gadael eu dau blentyn ar ôl yn Ynys Môn gyda Nain. Roedd hi'n braf cael cwmni Gina heb y plant am unwaith.

Y diwrnod arbennig yma, roedden nhw ar y platfform yng Ngorsaf Caerdydd ac roedden nhw'n teimlo braidd yn isel eu hysbryd. Edrychodd Peredur ar gloc yr orsaf. Wyth o'r gloch!

'Dim ond hanner awr cyn y trên,' meddai wrth Gina. 'Dw i'n mynd am dro bach ar hyd y platfform. Dos di i nôl paned o goffi. Mi a i â'r cês dillad gyda mi.'

A dyna wnaeth o.

Cerddodd o ar hyd y platfform hir ac, yn sydyn, gwelodd o rywbeth doedd o erioed wedi ei weld o'r blaen. Peiriant rhyfedd, peiriant newydd sbon, tebyg i glorian neu beiriant pwyso, yn sefyll yno ar ganol y platfform. Uwchben y peiriant rhyfedd roedd y geiriau:

## 'DW I'N GALLU DWEUD PWY DYCH CHI'

'Diddorol iawn,' meddyliodd Peredur. 'Diddorol iawn! Dw i erioed wedi gweld dim byd fel hyn o'r blaen. Does dim byd fel hyn yn Llangefni, dw i'n siŵr o hynny. Does dim byd fel hyn yng Ngorsaf Caergybi, hyd yn oed!'

Darllenodd o'r cyfarwyddiadau'n ofalus. Yna, aeth o i fyny at y peiriant, a rhoiodd o hanner can ceiniog yn y twll.

---

ar ben, *over*
teimlo braidd yn isel eu hysbryd, *rather depressed/low*

clorian, *scales*
cyfarwyddiadau, *instructions*

'Peredur Wyn Parri ydy'ch enw chi,' meddai'r peiriant. 'Dych chi ar eich gwyliau yma yng Nghaerdydd. Dych chi'n byw ar Ynys Môn ac yn gweithio mewn banc yn Stryd Fawr, Llangefni. Mae gennych chi graith ar eich ysgwydd chwith. Mae gennych chi a'ch gwraig, Gina, ddau o blant ac mae gan yr hynaf o'r ddau wallt coch. Dych chi'n disgwyl y trên hanner awr wedi wyth i Ynys Môn . . .'

'Bobol annwyl!' meddai Peredur yn uchel, wedi synnu. 'Mae hyn yn anhygoel! Yn ffantastig! Ond . . . mae'n rhaid mai tric ydy'r cyfan . . . Ac eto . . .'

Yn sydyn cafodd Peredur syniad. Penderfynodd o geisio twyllo'r peiriant - rhoi prawf ar y peiriant. Agorodd o'r cês a thynnodd o un o ffrogiau ei wraig allan. Gwisgodd o'r ffrog. Yna, gwthiodd o fag llaw sbâr ei wraig dan ei fraich.

Aeth o i fyny at y peiriant unwaith eto a rhoiodd o hanner can ceiniog arall yn y twll. Clywodd o'r un llais yn dweud wrtho fo:

'Peredur Wyn Parri ydy'ch enw chi o hyd. Dych chi'n dal ar eich gwyliau yma yng Nghaerdydd. Dych chi'n dal i fyw ar Ynys Môn ac yn dal i weithio mewn banc yn Stryd Fawr, Llangefni. Mae'r graith yn dal ar eich ysgwydd chwith. Mae gennych chi a'ch gwraig, Gina, ddau o blant o hyd ac mae gan yr hynaf o'r ddau wallt coch o hyd. Ond oherwydd eich bod chi wedi gwastraffu amser yn gwisgo i fyny fel yna, dych chi newydd golli'r trên i Ynys Môn, a does dim trên arall tan y bore!'

---

craith, *scar*
ysgwydd, *shoulder*
hynaf, *eldest*
anhygoel, *incredible*

twyllo, *to cheat*
rhoi prawf, *to test*
gwastraffu, *to waste*

# Mae Robin yn Swil

Roedd Robin yn ŵr ifanc golygus iawn. Roedd o dros ei ben a'i glustiau mewn cariad â Diana. Diana oedd y ferch hardda yn y byd ac roedd Robin bron â marw eisiau ei phriodi hi. Roedd Robin wedi cychwyn lawer gwaith i weld ei thad i ofyn am law ei ferch ond roedd o'n rhy swil ac wedi troi yn ôl cyn cyrraedd cartref y tad bob tro. O'r diwedd, penderfynodd o fod yn rhaid iddo fo wneud rhywbeth achos roedd Diana yn dechrau colli ei hamynedd.

Aeth o i weld ei ffrind, Hefin, yn gynnar un bore. Dywedodd o wrtho fo, 'Rwyt ti'n gwybod nad oes gen i ddim llawer o hunanhyder. Does dim rhaid i mi ddweud wrthot ti 'mod i'n swil. Mae angen dy help di arna i. Y peth ydy, dw i wedi penderfynu mynd i weld tad fy nghariad bore 'fory. Mae'r amser wedi dod i mi fynd i ofyn am ei ganiatâd i briodi ei ferch. Wnei di ddod gyda mi i roi help i mi? Pan fydd o'n gofyn cwestiynau i mi, wnei di fy helpu i gyda'r atebion - hynny ydy, gwneud i mi edrych yn well nag ydw i, i mi gael creu argraff dda? Dw i'n rhy swil . . . .'

'Iawn,' atebodd Hefin, 'dim problem. Paid ti â phoeni o gwbl. Mi fydd popeth yn iawn. Gad ti bopeth i mi.'

Y bore trannoeth aeth y ddau ffrind gyda'i gilydd i weld y darpar dad-yng-nghyfraith. Gŵr cyfoethog iawn oedd y gŵr bonheddig hwnnw - bancer llwyddiannus dros ben yn byw mewn tŷ crand.

'Wel, dyma fi wedi dod i'ch gweld chi o'r diwedd,' meddai Robin. 'Dw i yma i ofyn am eich caniatâd chi i briodi Diana.'

'Oho, felly wir!' meddai'r tad yn sarrug. 'Rhaid i mi ofyn cwestiwn neu ddau i chi. Oes gennych chi dŷ, rhywle i fyw?'

'Y . . . Wel, oes . . . Wrth gwrs, y . . . mae gen i gaban bach ar lan y môr . . .'

---

swil, *shy*
dros ei ben a'i glustiau mewn cariad, *head over heels in love*
amynedd, *patience*
hunanhyder, *self-confidence*
caniatâd, *permission*
creu argraff, *to create an impression*

gad di bopeth i mi, *you leave everything to me*
darpar dad-yng-nghyfraith, *future father-in-law*
cyfoethog, *rich*
gŵr bonheddig, *gentleman*
llwyddiannus, *successful*
yn sarrug, *surly*

'Caban bach ar lan y môr?' meddai Hefin yn uchel, gan dorri ar draws ei ffrind. 'Peth ofnadwy ydy bod yn swil fel hyn! Caban bach, wir! Nid caban sy ganddo fo, syr. Na . . . Na . . . Plasty moethus gyda mwy na phedwar deg o stafelloedd ynddo fo, morynion a bwtler . . . ac mae ganddo fo draeth preifat - dwy filltir ohono fo - o flaen y tŷ hefyd!'

'Wel, wir,' meddai'r bancer, 'mae hynna'n ddiddorol, yn ddiddorol iawn. Ydy wir. Ond, dwedwch, Robin - ga i'ch galw chi'n Robin? Iawn. Dwedwch, Robin, oes gennych chi swydd? Dych chi'n gweithio?'

'Ydw, wrth gwrs,' atebodd Robin, gan edrych i lawr ar ei esgidiau. 'Dw i . . . Wel, dw i'n gweithio mewn ffatri gwneud sebon. Torri'r sebon yn sgwariau bach ydy fy ngwaith i . . .'

'O! Bobol annwyl!' meddai Hefin, gan dorri ar ei draws o unwaith eto. 'Gweithio mewn ffatri gwneud sebon! Fo ydy perchennog y ffatri, syr! Fo sy biau'r lle. Ond, fel rhai diwydianwyr mawr, mae o'n hoffi mynd i weithio gyda'r gweithwyr cyffredin o bryd i'w gilydd. A dweud y gwir, fo ydy perchennog y ffatri sebon fwyaf yn y wlad!'

'Wel, ardderchog,' meddai'r bancer cyfoethog. 'Mae'n rhaid i mi ddweud 'mod i'n hoffi'ch golwg chi . . . y . . . Robin. Ydw, wir. Ac mae'n dda gen i weld eich bod chi ddim yn sebonwr chwaith! Sebon . . . sebonwr, ha! ha! Dych chi'n gweld y jôc? Ha! Ha! O! bobol annwyl, dw i'n un da gyda geiriau! Ie, wel . . . dw i'n siŵr y bydd Diana wrth ei bodd . . . Gyda llaw, mae'ch iechyd chi'n iawn, wrth gwrs? Dim problem gyda'ch iechyd o gwbl?'

'Wel,' meddai Robin gan disian, 'mae gen i annwyd trwm ers echdoe. Annwyd sy'n . . .'

'Annwyd?' gwaeddodd Hefin yn wyllt. Erbyn hyn roedd Hefin ar dân, wedi ei gynhyrfu gan y gorddweud. 'Annwyd? Peidiwch â gwrando arno fo, syr! Mae o'n rhy swil! Dydy o ddim yn hoffi dweud ei fod o, mewn gwirionedd, yn dioddef o'r T.B. a niwmonia dwbl a bod y doctor wedi dweud wrtho fo mai dim ond mis sy ganddo fo i fyw!'

| | |
|---|---|
| torri ar draws, *to interrupt* | diwydiannwr, diwydianwyr, *industrialist,-s* |
| plasty, *mansion* | sebonwr, *flatterer* (seboni, *to flatter*) |
| moethus, *luxurious* | wedi'i gynhyrfu, *agitated* |
| morwyn, morynion, *maid,-s* | gorddweud, *exaggeration* |
| perchennog, *owner* | dioddef, *to suffer* |

# Iechyd Da!

'Dau frandi!' meddai'r cwsmer wrth y dyn y tu ôl i'r bar yn nhafarn 'Y Llew Coch' yn Abertawe.

'O'r gorau, syr,' atebodd y barman, gan arllwys brandi i ddau wydryn. Edrychodd y barman yn graff ar y cwsmer. Roedd o'n ŵr tal, gyda gwallt cyrliog golau a llygaid glas ac roedd ganddo fo farf hefyd. Rhoiodd y barman y ddau frandi i'r cwsmer barfog a gwyliodd o'n llyncu'r naill ar ôl y llall. Yna aeth o allan heb ddweud yr un gair.

Digwyddodd hyn am wythnosau, y gŵr yn dod i'r dafarn, yna'n gofyn am ddau frandi, yna'n eu llyncu nhw y naill ar ôl y llall a mynd allan.

Un noson, penderfynodd y barman roi un brandi dwbl i'r gŵr yn lle rhoi dau frandi. Meddyliodd o y basai hynny'n fwy syml a hefyd basai ganddo fo un gwydryn yn llai i'w olchi.

'Na!' meddai'r gŵr. 'Dim brandi dwbl! Dau frandi dw i eisiau, os gwelwch yn dda!'

'Ond does dim gwahaniaeth,' atebodd y barman. 'Mae dau frandi sengl ac un brandi dwbl yn costio'r un faint, a dych chi'n cael yr un faint o frandi hefyd! Chi eich hunan sy'n yfed y cyfan, felly beth ydy'r ots?'

'Dydy o ddim yr un peth o gwbl,' atebodd y gŵr barfog. 'Gwrandewch. Mae gen i ffrind, ffrind da iawn. Dyn ni wedi bod yn ffrindiau agos er pan oedden ni yn yr ysgol gyda'n gilydd. Roedden ni yn y fyddin gyda'n gilydd hefyd ac ar ôl gadael y fyddin fe aethon ni i grwydro'r byd. Aethon ni i Affrica ac i Dde America a rhai o wledydd Asia gyda'n gilydd ac fe gawson ni lawer o anturiaethau diddorol dros ben a llawer o hwyl.'

'Wel, yn anffodus, tua chwe mis yn ôl cafodd fy ffrind alwad ffôn oddi wrth ei fodryb sy'n byw ym Mhatagonia. Roedd hi'n dweud bod ei ewythr yn sâl iawn ac roedd hi'n gofyn iddo fo fynd yno i ofalu am y fferm. Felly, fe benderfynodd fy ffrind fynd yno ar unwaith.'

| | |
|---|---|
| arllwys, *to pour* | yn llai, *less* |
| gwydryn, *a glass* | does dim gwahaniaeth, *there's no difference* |
| edrych yn graff ar, *to look closely at* | y fyddin, *the army* |
| barfog, *bearded* | crwydro'r byd, *to roam the world* |
| llyncu'r naill ar ôl y llall, *to swallow one after the other* | antur,-iaethau, *adventure,-s* |

'Cyn ffarwelio gofynnodd o i mi ddod i'r dafarn yma bob nos ac, er mwyn i ni beidio anghofio ein gilydd, gofynnodd o i mi archebu dau frandi. Dywedodd o wrtho i am yfed y ddau i gofio amdano fo bob tro roeddwn i'n gwneud hynny. Dywedodd o ei fod o, hefyd, yn mynd i wneud yr un fath.'

'Wel,' meddai'r barman, 'dw i'n edmygu hynna. Ydw, wir! Dyna beth ydy cyfeillgarwch! Ie, da iawn. Ie wir!'

Un noson, ar ôl ychydig o wythnosau, daeth y gŵr barfog i'r dafarn fel arfer. Aeth o at y bar a dywedodd o wrth y barman,

'Un brandi!'

Edrychodd y barman yn syn arno a dywedodd,

'O'r Nefoedd! Eich ffrind chi - ydy o wedi marw?'

'Nac ydy,' atebodd y gŵr, 'y doctor sy wedi dweud wrtho i am roi'r gorau i yfed!'

---

er mwyn i ni beidio, *so that we don't*
archebu, *to order*
yr un fath, *the same*
edmygu, *to admire*

cyfeillgarwch, *friendship*
yn syn, *surprised*
rhoi'r gorau i, *to give up*

# Disgwyl Pavarotti

Roedd yr amser wedi dod i godi arian ar gyfer yr Eisteddfod Genedlaethol. Roedd pobl y dre wedi bod yn brysur ers misoedd, yn gweithio'n galed i godi arian drwy gynnal nosweithiau coffi, boreau coffi, trefnu raffl ac yn y blaen. Ond roedd eisiau llawer iawn rhagor o arian. Gofynnodd maer y dref i Granville Glenville drefnu cyngerdd. Roedd Granville wrth ei fodd. Roedd o'n mynd i wneud llwyddiant o'r dasg. O, oedd, heb os nac oni bai. Roedd hwn yn mynd i fod yn gyngerdd gwahanol - roedd o'n mynd i gael canwr enwog er mwyn denu miloedd o bobl i'r cyngerdd a chasglu miloedd o bunnau i'r Eisteddfod.

Gan ei fod o'n adnabod Bryn Terfel (roedd y ddau yn dod o'r un pentref) gofynnodd o i Bryn ofyn i Pavarotti ddod i ganu yn y cyngerdd. Cytunodd y canwr opera Eidalaidd enwog ar unwaith - fel ffafr i Bryn. Dim ond pum cant o bunnau oedd y ffi.

Roedd pobl y dref wedi synnu bod Granville wedi trefnu cyngerdd o'r fath. Pavarotti yn dod i'w tref nhw! Basai'r cyngerdd yn llwyddiant mawr, heb os nac oni bai.

Pan ddaeth dydd y cyngerdd roedd y dref yn llawn o bobl - roedden nhw wedi dod o bob rhan o Gymru. Roedd rhai hyd yn oed wedi hedfan yno o'r Cyfandir ac roedd *British Airways* wedi trefnu trip arbennig ar *Concorde* o America.

Y bore hwnnw, bore'r cyngerdd, roedd Granville Glenville yn eistedd wrth y bwrdd brecwast yn mwynhau ei *Sugar Puffs* pan ganodd y ffôn.

'*Signore Glanville, amico mio, sono desolato ma . . .*' meddai'r llais.

Doedd Granville ddim yn gallu siarad Eidaleg yn dda ond roedd o'n deall digon i wybod mai Pavarotti oedd yn siarad ac yn dweud ei fod o'n methu dod. Roedd o wedi cael annwyd. Suddodd calon Granville. Beth am y cyngerdd? Beth am yr holl bobl yn y dre? Pawb wedi dod yno i wrando ar Pavarotti. Clywodd o lais Pavarotti ar y ffôn yn dweud ei fod o'n anfon dau

| maer, *mayor* | cytuno, *to agree* |
|---|---|
| llwyddiant, *success* | hyd yn oed, *even* |
| heb os nac oni bai, *without a doubt* | y cyfandir, *the continent* |
| denu, *to attract* | suddo, *to sink* |

berfformiwr arall i gymryd ei le. Roedd Granville yn teimlo'n well ar ôl clywed hyn, achos os oedd Pavarotti yn eu hanfon nhw, rhaid eu bod nhw'n dda. Roedd y ddau ar eu ffordd. Basen nhw yno mewn pryd.

Roedd y cyngerdd i fod i ddechrau am saith o'r gloch. Penderfynodd Granville fynd i'r gwely y prynhawn hwnnw er mwyn ceisio ymlacio ychydig cyn y noson fawr. Yn anffodus, syrthiodd o i gysgu ac roedd hi'n hanner awr wedi saith pan ddeffrodd o.

Ar ôl rhoi dŵr ar ei wyneb rhedodd o'n syth bin i'r neuadd. Roedd hi'n wyth o'r gloch pan gyrhaeddodd o. Roedd y cyngerdd wedi dechrau ers awr!

Sut roedd y ddau berfformiwr roedd Pavarotti wedi eu hanfon yn plesio tybed? Pan gyrhaeddodd Granville ddrws y neuadd roedd o'n gallu clywed canu bendigedig yn dod o'r neuadd a rhywun yn canu'r piano yn ardderchog. 'Diolch byth!' meddyliodd Granville pan glywodd o'r gynulleidfa yn gweiddi ac yn curo dwylo.

'Mae popeth yn iawn! Mae'r cyngerdd yn llwyddiant!'

Aeth o i mewn i'r neuadd. Edrychodd o ar y llwyfan. Roedd o'n methu â chredu beth roedd o'n ei weld. Ar y llwyfan roedd cath ddu yn canu aria o'r opera *Carmen* yn fendigedig ac yn canu'r piano iddi hi roedd llygoden fach wen! Rhwbiodd Granville ei lygaid. Na, doedd o ddim yn breuddwydio. Cath a llygoden yn perfformio, ac yn wych hefyd!

Ar ôl y cyngerdd daeth llawer o bobl at Granvillle i'w longyfarch o am drefnu cyngerdd mor fendigedig. Roedd o wrth ei fodd. Aeth o i gefn y llwyfan a dywedodd o wrth y gath (achos hi oedd yn siarad ar ran y ddwy, mae'n debyg),

'Cath yn canu! Llygoden yn canu'r piano! Mae'r peth yn anhygoel! Roeddech chi'n wych! Yn wych! Diolch i chi am ddod. Diolch i Pavarotti am anfon perfformwyr mor wych yn ei le o!'

'Popeth yn iawn,' meddai'r gath mewn acen Eidalaidd. 'Diolch am y cyfle.'

'Rhaid i mi eich talu chi,' meddai Granville. 'Roeddwn i wedi trefnu rhoi pum cant o bunnau i Pavarotti. Ydy pum cant yn ddigon i chi?'

| | | |
|---|---|---|
| mewn pryd, *in time* | breuddwydio, *to dream* |
| syth bin, *at once* | llongyfarch, *to congratulate* |
| llwyfan, *stage* | ar ran, *on behalf of* |

'Wel,' meddai'r gath, 'a dweud y gwir, mae o'n ormod i mi. Rhaid i mi fod yn onest. Fedra i ddim canu. Tric oedd y cyfan. Y llygoden oedd yn taflu ei llais.'

taflu ei llais, *throwing her voice*

# Gwneud Arian

Roedd Gwynfor yn cerdded i lawr y stryd yn Aberystwyth un diwrnod. Roedd o'n edrych yn drist. Roedd ganddo fo dyllau yn ei esgidiau, tyllau yn ei ddillad, roedd ei wallt o'n flêr ac yn hir - mewn gair, roedd o'n edrych fel tramp.

Yn sydyn, stopiodd Rolls-Royce anferth ar y gornel, ac allan o'r car gwych hwnnw camodd gŵr canol-oed, tua'r un oed â Gwynfor. Roedd y gŵr yma yn gwisgo siwt dda ac roedd o'n ysmygu sigâr fawr. Daeth gŵr y sigâr i fyny at Gwynfor a dweud, 'Gwynfor! Dwyt ti ddim yn f'adnabod i? Tony ydw i!'

'Wel, wel,' meddai Gwynfor, wedi synnu, 'mae'n dda gen i dy weld ti. Dyn ni ddim wedi gweld ein gilydd ers dros ddeng mlynedd.'

'Naddo,' meddai Tony. 'Sut wyt ti? Sut mae'r byd yn dy drin di?'

'O, wel, edrycha arna i! Dw i wedi syrthio ar amser caled fel rwyt ti'n gallu gweld,' atebodd Gwynfor. 'Does gen i ddim digon o arian i brynu cinio hyd yn oed. Ond mae hi'n amlwg dy fod ti'n llwyddiannus iawn. Dydy arian ddim yn broblem i ti. Mae gen ti ddigon, mae'n amlwg.'

'Wel, a dweud y gwir,' meddai Tony, 'mae gen i system ardderchog. Paid â dweud wrth neb, ond dw i'n gwneud arian!'

'Fel dwedais i,' meddai Gwynfor, 'mae hynny'n amlwg iawn.'

'Na, na,' meddai gŵr y Rolls-Royce, 'dwyt ti ddim yn deall. GWNEUD arian ydw i. Hynny ydy - printio arian!'

'Y . . . ?' meddai Gwynfor â'i geg yn agored. 'Printio arian? Argraffu arian? Arian ffug?'

'Ie, ie,' meddai Tony, gan edrych o'i gwmpas i wneud yn siŵr bod neb yn gwrando. 'Ond nid papurau pumpunt na decpunt. O na! Mae rhywun yn mynd i'r carchar am wneud peth felly . . Na, dw i'n printio papurau tri deg chwech . . '

---

| | |
|---|---|
| twll, tyllau, *hole,-s* | hyd yn oed, *even* |
| anferth, *huge, enormous* | amlwg, *obvious* |
| camu, *to step* | llwyddiannus, *successful* |
| wedi synnu, *surprised* | argraffu, *to print* |
| sut mae'r byd yn dy drin di? *how's the world* | ffug, *false, counterfeit* |
| treating you? | |

'Papurau tri deg chwe phunt? Bobol annwyl! Does 'na ddim problem? Ydy peth fel 'na'n gweithio?' gofynnodd Gwynfor, wedi synnu.

'Bobol annwyl, ydy,' meddai Tony. 'Mae'n gweithio'n ardderchog. Dim problem! Edrycha ar y Rolls-Royce sy gen i! Gwranda, gan ein bod ni'n hen ffrindiau, dyma dipyn o arian i ti. Mae gen i ddigon. Beth bynnag, galla i brintio rhagor!'

Rhoiodd Tony fwndel mawr o arian i'w hen ffrind ac aeth o yn ôl i'w gar gwych a gyrru i ffwrdd.

Rhoiodd Gwynfor y bwndel o arian papur yn ei boced a dechreuodd o gerdded yn hapus i gyfeiriad ei fflat. Doedd o ddim yn gallu credu ei lwc. Meddyliodd o'n sydyn y basai'n well iddo fo newid yr arian am bapurau llai.

Aeth o i'r banc. Rhoiodd o'i fwndel o bapurau tri deg chwe phunt ar y cownter a gofynnodd o i'r clerc, braidd yn nerfus, 'Ga i newid y rhain am arian llai, os gwelwch chi'n dda?'

'Cewch, wrth gwrs,' meddai'r clerc. 'Dim problem!'

Cododd y clerc y bwndel o arian papur oddi ar y cownter. Cyfrodd o nhw heb gymryd llawer o sylw ohonyn nhw ac, ar ôl gorffen, dywedodd,

'Sut hoffech chi gael yr arian, syr? Papurau naw punt neu bapurau chwe phunt . . .?'

---

beth bynnag, *anyway, in any case*
gwych, *fantastic*

braidd yn, *rather*
cyfri(f), *to count*

# Cymeriad Od

Delyth Evans oedd prif ohebydd y cylchgrawn *Prentis*, y cylchgrawn ardderchog hwnnw i ddysgwyr Cymraeg! Doedd hi ddim wedi bod yn gweithio i'r cylchgrawn yn hir. Cyn hynny roedd hi wedi bod yn ohebydd tramor gyda *The Daily Telegraph*, ond roedd hi wedi plesio golygyddion *Prentis* yn fawr achos roedd hi wedi dod o hyd i storïau da i'r cylchgrawn. Roedd hi wedi cyfarfod â chymeriadau diddorol a chymeriadau od ac wedi ysgrifennu erthyglau ardderchog amdanyn nhw.

Stori am un o'r cymeriadau hyn sy yn y stori yma - cymeriad diddorol iawn, ond cymeriad od hefyd.

Un diwrnod, roedd y golygyddion wedi anfon Delyth i Lanrwst yn Nyffryn Conwy i holi Nigel Browne. Roedd Nigel wedi dysgu Cymraeg ac erbyn hyn roedd o'n rhugl yn yr iaith Gymraeg. Ond roedd Delyth wedi mynd i'w weld o am reswm arall. Y rheswm oedd bod Nigel yn arbenigwr ar gyfranddaliadau. Roedd golygyddion *Prentis* yn awyddus iawn i ddechrau colofn ariannol yn y cylchgrawn ac, achos bod Nigel Browne wedi bod yn ddysgwr ac achos ei fod o'n dal i brynu *Prentis* bob tro, fo oedd y person gorau i'w hysgrifennu hi.

Pan ofynnodd Delyth i Nigel oedd o'n fodlon ysgrifennu'r golofn, cytunodd Nigel ar unwaith. Wedi'r cwbl, roedd *Prentis* wedi bod yn help mawr iddo fo pan oedd o'n dysgu Cymraeg, felly roedd o'n falch o gael y cyfle i helpu *Prentis* rwan.

Ar ôl gorffen y cyfweliad ar gyfer y golofn ariannol paratoiodd Nigel ginio i Delyth. Mwynheuodd Delyth y cinio yn fawr iawn a dywedodd hi hynny wrth Nigel.

'O diolch yn fawr,' meddai Nigel. 'Dw i'n mwynhau coginio. A dweud y gwir, dyna oedd fy ngwaith i ers talwm cyn i mi ddechrau ar y farchnad stoc.'

'O?' meddai Delyth. 'Diddorol iawn.'

| | |
|---|---|
| prif ohebydd, *chief reporter* | arbenigwr, arbenigwyr, *expert,-s* |
| tramor, *overseas/foreign* | cyfranddaliadau, *shares* |
| golygydd,-ion, *editor,-s* | colofn ariannol, *financial column* |
| cymeriad,-au, *character,-s* | yn fodlon, *willing* |
| erthygl,-au, *article,-s* | wedi'r cwbl, *after all* |
| erbyn hyn, *by now* | cyfweliad, *interview* |

'Ie,' meddai Nigel, 'roedd gen i dŷ bwyta yng Nghaerdydd. Roeddwn i'n hoffi'r gwaith ond doeddwn i ddim yn hoffi'r cwsmeriaid. Cwsmeriaid od oedd llawer ohonyn nhw.'

'O, dyna drueni,' meddai Delyth, 'achos dych chi'n coginio mor dda. Ond dwedwch fwy am y cwsmeriaid. Y rhai od.'

'Wel,' meddai Nigel, 'dyma enghraifft i chi. Gwrandewch ar hyn. Un noson daeth dyn bach tenau i mewn a gofynnodd o i mi,

"Oes gennych chi gig cyw iâr sy wedi dechrau mynd yn ddrwg?"

"Wel oes, syr," atebais i, wedi synnu.

"Iawn," meddai'r dyn bach, "a beth am datws rhost sy wedi llosgi yn galed fel haearn?"

"Oes, syr," atebais i'n methu deall.

"Iawn," meddai'r dyn, "dewch â nhw i mi. Hefyd, dw i eisiau darn o fara sy wedi dechrau llwydo a phaned o de oer. Peidiwch ag anghofio'r te oer."

"O'r gorau, syr," atebais i eto, yn syllu ar y gŵr. A wyddoch chi beth ddwedodd o wedyn?'

'Na, wir, does gen i ddim syniad,' meddai Delyth, wedi synnu.

'"Wedyn," meddai o, "ar ôl i chi ddod â'r bwyd, eisteddwch gyferbyn â mi a galwch enwau arna i. Mi fydda i'n meddwl 'y mod i gartref gyda'r wraig wedyn."'

'Bobol annwyl!' meddai Delyth dan chwerthin. 'Cwsmer od yn wir!'

'Ie,' ochneidiodd Nigel. 'Mae pethau fel 'na'n ddoniol pan maen nhw'n digwydd weithiau ond dydyn nhw ddim yn ddoniol o gwbl pan maen nhw'n digwydd yn rhy aml. Wel, mi ges i lond bol ar y tŷ bwyta ac mi es i Lundain i wneud arian ar y farchnad stoc.'

'Wel, diddorol iawn,' meddai Delyth yn edrych ar ei wats. Yn anffodus, roedd ei wats hi wedi stopio. 'Dw i'n siŵr ei bod hi'n mynd yn hwyr,' meddai hi. 'Mae'n well i mi gychwyn yn ôl i'r swyddfa.'

Edrychodd hi o gwmpas yr ystafell ond doedd hi ddim yn gallu gweld cloc yn unman.

'Rhaid i mi ddal y trên o Fae Colwyn am hanner awr wedi dau,' meddai Delyth. 'Faint o'r gloch ydy hi rwan?'

'Arhoswch eiliad,' meddai Nigel yn codi o'i gadair ac yn mynd at y ffenestr i edrych ar yr haul. 'Pum munud ar hugain i ddau - bron iawn.'

---

dyna drueni! *what a pity!*        llwydo, *to go mouldy*
haearn *iron*

Edrychodd Delyth yn syn ar Nigel Browne a dywedodd hi,

'Does gennych chi ddim cloc yma?'

'Na, does gen i ddim cloc,' meddai Nigel. 'Mae'n gas gen i glociau. Mae'n gas gen i glywed y tic-tòc, tic-toc bob munud.'

Wel, meddyliodd Delyth, roedd Nigel wedi sôn am gymeriadau od ond roedd o braidd yn od ei hun. Doedd hi erioed wedi bod mewn tŷ heb gloc o'r blaen.

'A dych chi'n gallu dweud faint o'r gloch ydy hi wrth edrych ar yr haul?' gofynnodd Delyth.

'Ydw. Ydw, wrth gwrs,' atebodd Nigel. 'Dim problem! Fydda i byth yn methu.'

'Wel, wir,' meddai Delyth, 'mae hyn yn anhygoel. Ond . . . beth am y nos? Does 'na ddim haul yn y nos. Os dych chi'n deffro yng nghanol y nos neu yn oriau mân y bore sut dych chi'n gwybod faint o'r gloch ydy hi?'

'Y nos? O . . . mae hynny'n wahanol,' meddai Nigel. 'Bryd hynny mae gen i fy nhrwmped.'

'Trwmped?' meddai Delyth ac edrychodd hi'n syn ar Nigel.

'Ie,' meddai Nigel. 'Os bydda i'n deffro yng nghanol y nos ac os bydda i eisiau gwybod faint o'r gloch ydy hi, bydda i'n agor y ffenestr ac yn chwythu fy nhrwmped.'

'Bobol annwyl!' meddai Delyth unwaith eto, gan ddal i edrych yn syn ar y cymeriad od.

'Ie, ie,' meddai Nigel, 'bydd y dyn drws nesa yn siŵr o agor ei ffenestr a gweiddi,

"Beth sy'n bod arnoch chi ddyn, wyddoch chi ddim ei bod hi'n dri o'r gloch y bore?"'

yn oriau mân y bore, *in the small hours*    chwythu, *to blow*
bryd hynny, *then (at that time)*

# Y Morgrugyn

Roedd Twm wedi bod yn droseddwr am flynyddoedd a doedd gan y barnwr ddim dewis ond ei anfon o i garchar am ugain mlynedd.

'Dw i'n eich anfon chi i garchar am ugain mlynedd,' meddai'r barnwr, 'ac mae rhaid i chi dreulio'r holl amser mewn cell fechan ar eich pen eich hun.'

Doedd gan Twm ddim teulu na pherthnasau na ffrindiau, felly doedd o ddim yn cael ymwelwyr o gwbl. Roedd o'n teimlo'n unig iawn ac yn dweud wrtho'i hun yn aml, 'Fi ydy'r person mwyaf anhapus yn y byd i gyd.'

Yn ystod y pum mlynedd cyntaf, meddyliodd o sawl gwaith am ladd ei hun ond wnaeth o ddim. Roedd rhyw lais bach yn dweud wrtho fo am beidio. Roedd o'n isel iawn ei ysbryd ac roedd yr iselder ysbryd yn mynd yn waeth bob dydd. Doedd o'n gwneud dim byd ond cysgu a bwyta a meddwl am ei blentyndod yn Nyffryn Conwy.

Un bore braf, daeth morgrugyn i mewn i'r gell trwy dwll bychan yn y ffenestr fechan. Pan ddeffrodd Twm, sylwodd o ar y morgrugyn bach ar y gobennydd. Roedd y morgrugyn yno y diwrnod canlynol hefyd ac, yn wir, roedd o'n dal yno ar ôl naw diwrnod. Penderfynodd Twm gymryd diddordeb yn y morgrugyn ac roedd o wrth ei fodd yn ei wylio fo'n cerdded yn ôl ac ymlaen ar y gobennydd. Rhoiodd o ychydig o friwsion i'r creadur bach bob hyn a hyn er mwyn iddo fo gael bwyd. Gafaelodd yn y morgrugyn yn dyner a rhoiodd o ar ei law a dechrau siarad â fo.

Ar ôl tua mis, roedd cyfeillgarwch rhyfedd wedi datblygu rhwng Twm a'r creadur. Adroddodd Twm hanes ei fywyd wrtho fo a gwrandawodd y morgrugyn yn astud arno fo ac roedd Twm yn siŵr ei fod o'n deall pob gair. Roedd y morgrugyn bach yn treulio bob nos yn cysgu ar obennydd Twm.

Aeth deng mlynedd heibio ac roedd y morgrugyn yn dal yn y gell gyda Twm. Erbyn hyn roedden nhw'n ffrindiau mawr ac roedd Twm wedi dysgu'r

morgrugyn, *ant*
troseddwr, *criminal*
barnwr, *judge*
carchar, *prison*
treulio, *to spend (time)*
perthynas, perthnasau, *relation,-s*
iselder ysbryd, *depression*

gobennydd, *pillow*
briwsion, *crumbs*
creadur, *creature*
bob hyn a hyn, *every now and then*
cyfeillgarwch, *friendship*
yn astud, *intently*

morgrugyn i wneud pob math o driciau. Roedd o wedi ei ddysgu o i neidio'n uchel a hefyd i sefyll ar ei ben a hyd yn oed i gerdded ar ei ddwy droed ôl. Roedd o'n gallu gwneud triciau cymhleth iawn hefyd - er enghraifft, pan oedd Twm yn canu roedd y morgrugyn yn gallu dawnsio i'r miwsig. Erbyn hyn roedd Twm yn ddyn hapus iawn ac roedd o wedi anghofio'n llwyr ei fod o yn y carchar.

Un bore, daeth un o swyddogion y carchar ato fo a dweud wrtho fo,

'Dyn ni'n eich rhyddhau chi nawr, ddwy flynedd yn gynnar, am eich bod wedi ymddwyn mor dda.'

Roedd Twm wrth ei fodd achos roedd ganddo fo syniadau mawr am y dyfodol. 'Dw i'n mynd i wneud fy ffortiwn,' meddyliodd o. 'Galla i gael gwaith mewn syrcas gyda fy morgrugyn bach talentog; fe ddaw pobl o bob rhan o'r wlad i weld fy morgrugyn yn perfformio!'

Rhoiodd o'r morgrugyn ym mhoced ei wasgod a cherddodd o allan o'r carchar yn ŵr hapus iawn. Gyferbyn â'r carchar roedd tafarn fechan. Aeth Twm i mewn ac eisteddodd o wrth y bar. Roedd o'n teimlo mor hapus, a'r peth cyntaf roedd o eisiau ei wneud oedd adrodd ei hanes a dangos ei forgrugyn bach clyfar i rywun. Gosododd o'r morgrugyn ar y bar a galwodd o ar y tafarnwr. Pwyntiodd o at y morgrugyn gyda'i fys . . .

'Edrychwch!' meddai, a'i lygaid yn llawn dagrau o emosiwn.

'O! Peidiwch poeni, syr, dim ond morgrugyn ydy o.'

A gwasgodd y tafarnwr y morgrugyn rhwng ei fys a'i fawd.

---

cymhleth, *complicated*

swyddog,-ion, *officer,-s*

ymddwyn, *to behave*

adrodd ei hanes, *to tell his story*

deigryn, dagrau, *tear,-s*

gwasgu, *to squeeze*

bawd, *thumb*

23

# Taro Bargen

Pan gyrhaeddodd Tomos faes yr Eisteddfod Genedlaethol roedd hi'n bwrw glaw. A dweud y gwir roedd hi'n bwrw hen wragedd a ffyn. Cododd Tomos goler ei gôt law gan sibrwd wrtho'i hun yn dawel,

'Tywydd 'Steddfod! Heb os nac oni bai!'

Roedd tua phedwar o stiwardiaid yn gwerthu tocynnau wrth y fynedfa. Aeth Tomos i fyny at un ohonyn nhw a dywedodd o,

'P'nawn da. Dw i eisiau prynu'r Eisteddfod Genedlaethol.'

'Pardwn?' meddai'r stiward.

'Dw i wedi dod yma heddiw i brynu'r Eisteddfod Genedlaethol.'

'O?' meddai'r stiward, yn edrych yn syn. 'Tynnu fy nghoes i dych chi, mae'n siŵr, ond 'na i alw'r prif stiward i gael gair â chi.'

Ymhen deg munud, daeth gŵr tal, barfog at Tomos a gofynnodd o iddo fo,

'Alla i'ch helpu chi, syr?'

'Gallwch,' atebodd Tomos, 'dw i wedi dod yma heddiw i brynu'r Eisteddfod Genedlaethol.'

'O ie,' meddai'r prif stiward gan wenu a chrafu ei farf. 'Dych chi'n tynnu fy nghoes i?'

'Na, dim o gwbl,' meddai Tomos. 'Dw i ddim yn tynnu'ch coes chi. Y peth ydy, dw i wedi addo rhoi anrheg arbennig i fy ngwraig. Gofynnais i iddi hi ddoe beth fasai hi'n hoffi ei gael ac fe ddwedodd hi y basai hi'n hoffi cael anrheg wahanol - rhywbeth hollol wahanol. Ar ôl meddwl yn hir am y peth - am chwarter awr o leiaf - cofiais i ei bod hi'n hoff iawn o fynd i eisteddfodau. Yna, penderfynais i'n sydyn y baswn i'n prynu'r Eisteddfod Genedlaethol iddi hi, achos yr Eisteddfod Genedlaethol ydy'r eisteddfod bwysicaf, yntê?'

'Wel, wir,' meddai'r prif stiward gan grafu ei farf unwaith eto, 'dw i ddim

bwrw hen wragedd a ffyn, *to rain cats and dogs*
heb os nac oni bai, *without a doubt*
edrych yn syn, *to look surprised*
gwenu, *to smile*

crafu, *to scratch*
dych chi'n tynnu fy nghoes?, *are you pulling my leg?*
addo, *to promise*

24

yn siŵr iawn beth i'w ddweud. Dw i ddim yn siŵr ydw i'n deall yn iawn. Well i mi alw'r Ysgrifennydd i ddod i gael gair â chi . . .'

'Na,' meddai Tomos, gan dorri ar draws y prif stiward. 'Gwrandewch arna i! Peidiwch â mynd i alw ar yr Ysgrifennydd. Dydy hynny ddim digon da. Dw i ddim eisiau dweud yr un stori wrth bawb! Ewch i nôl y pen dyn!'

Erbyn hyn, roedd nifer fawr o bobl wedi ymgasglu i wrando ar Tomos yn dadlau gyda'r prif stiward. Meddyliodd y prif stiward am alw'r heddlu, ond roedd hi'n bwrw glaw yn drwm a doedd dim un plismon i'w weld yn unman. Felly penderfynodd o fynd â Tomos at Lywydd Llys yr Eisteddfod Genedlaethol - y dyn pwysicaf yn yr Eisteddfod. Y pen dyn!

Roedd gan Lywydd y Llys swyddfa foethus ar y maes, gyda charped coch ar y llawr a phatrwm y ddraig goch arno fo. Edrychodd Tomos ar y Llywydd a dywedodd o wrtho fo,

'Dw i wedi dweud fy stori fwy nag unwaith a dw i wedi blino ailadrodd yr un peth o hyd. Y peth ydy, dw i wedi dod yma heddiw i brynu'r Eisteddfod Genedlaethol - fel anrheg pen-blwydd i 'ngwraig.'

'Diddorol iawn,' atebodd Llywydd y Llys. 'Ond dydy'r Eisteddfod Genedlaethol ddim ar werth!'

'O dewch o 'na,' meddai Tomos. 'Mae popeth ar werth os ydy'r pris yn iawn. Faint mae'n gostio? Beth ydy'r pris?'

Edrychodd y Llywydd yn syn ar Tomos. Doedd o ddim yn gwybod beth i'w ddweud yn iawn. Edrychodd o'n hir ar batrwm y ddraig goch ar y carped. Yna dywedodd o,

'Edrychwch, Mr. . . Tomos? Basai'r Eisteddfod Genedlaethol yn rhy ddrud i chi hyd yn oed pe basai hi ar werth, a hefyd . . .'

'Edrychwch chi, Mr Llywydd,' meddai Tomos yn bendant, 'does gen i ddim amser i ddadlau gyda chi. Does gen i ddim amser i ddadlau am bris. Dewch. Dwedwch y ffigur. Enwch swm!'

Sut roedd cael gwared o'r Eisteddfodwr rhyfedd hwn, tybed? Dyna oedd

torri ar draws, *to interrupt*
y pen dyn, *the boss*
ymgasglu, *to assemble*
ailadrodd, *to repeat*
llywydd, *president*

moethus, *luxurious*
ar werth, *for sale*
dadlau, *to quarrel*
cael gwared o/ar, *to get rid of*
rhyfedd, *strange*

yn mynd trwy feddwl Llywydd y Llys. 'Y peth gorau i'w wneud,' meddyliodd wrtho'i hun, 'ydy dweud swm enfawr. Unrhyw swm!'

'O'r gorau, Mr Tomos, hanner can miliwn am yr Eisteddfod Genedlaethol.'

Edrychodd Tomos ar y Llywydd am eiliad ac yna gofynnodd iddo fo am gael defnyddio'r ffôn i siarad â'i wraig. Ochneidiodd y Llywydd ond cytunodd o. Roedd o wedi dechrau cael llond bol ar y dyn rhyfedd yma! Clywodd o Tomos yn cyfarch ei wraig ac yna,

'Gwranda, cariad, mae popeth yn iawn ynglŷn â'r Eisteddfod Genedlaethol. Dim problem! Nawr dos i'n hystafell wely ni. Edrycha o dan y gwely ac yno mae dau fag. Tyrd ag un ohonyn nhw i Faes yr Eisteddfod ar unwaith . . . y lleia o'r ddau!'

enfawr, *huge, enormous*       cyfarch, *to greet*
ochneidio, *to sigh*

# Y Clyweliad

Roedd hi'n hwyr iawn pan gyrhaeddodd Iestyn Prydderch yn ôl o'r stiwdio deledu. Actor proffesiynol oedd Iestyn. Roedd o wedi cael ei hyfforddi yn un o golegau drama mwyaf enwog Llundain. Ond, yn anffodus, doedd o ddim wedi gweithio ers blynyddoedd.

A'r noson honno, noson oer ym mis Mawrth, roedd o newydd fod mewn clyweliad gyda chynhyrchydd enwog yn stiwdio deledu H.T.V. yng Nghaerdydd. Roedd o wedi blino'n llwyr ac roedd o'n teimlo'n ddigalon dros ben. Trodd o'r tân trydan ymlaen ac eisteddodd o yn y gadair freichiau ledr. Roedd y gadair freichiau, fel Iestyn, wedi gweld dyddiau gwell, ond roedd arian yn brin a doedd dim gobaith cael cadair newydd, gwaetha'r modd.

Meddyliodd o am y clyweliad. Roedd o wedi darllen y sgript yn ofalus cyn mynd at y cynhyrchydd ac roedd o'n meddwl ei fod o wedi gwneud ymgais dda ar actio rhan y gweinidog yn y ddrama - y rhan y gofynnodd y cynhyrchydd iddo fo ei darllen. Ond chafodd o ddim llawer o ganmoliaeth a rhoiodd y cynhyrchydd y rhan i actor arall.

Ochneidiodd Iestyn ac edrychodd o'n drist am ychydig. Ond yna daeth gwên fach i'w wyneb a meddyliodd o, 'O wel, fel yna mae hi, fe ddaw cyfle eto ac fe ddaw clyweliad arall toc.'

Tra roedd Iestyn yn eistedd ger ei dân trydan, roedd Huw Davies, y cynhyrchydd teledu, yn eistedd yn nhafarn 'Y Llew Gwyn' yng Nghaerdydd. Daeth John Andrews i mewn.

'Helo, Huw,' meddai, 'sut mae pethau?'

'Iawn diolch,' atebodd Huw, 'ond dw i wedi blino'n lân. Dw i wedi cael diwrnod caled heddiw, achos dyn ni wedi bod yn cynnal clyweliadau gydag actorion ar gyfer ein drama fawr nesaf.'

'O, diddorol,' meddai John, a oedd yn gynhyrchydd gyda'r B.B.C.

| | |
|---|---|
| clyweliad, *audition* | ymgais, *attempt* |
| hyfforddi, *to train* | rhan, *part* |
| cynhyrchydd, *producer* | canmoliaeth, *praise* |
| digalon, *depressed* | ochneidio, *to sigh* |
| prin, *scarce* | toc, *soon* |
| gwaetha'r modd, *unfortunately* | |

'Ie, wir,' meddai Huw, 'hen waith diflas ydy cynnal clyweliadau yntê? Hen waith annifyr ydy gorfod siomi cynifer o actorion. Roeddwn i'n teimlo'n drist iawn drostyn nhw, yn enwedig dros un ohonyn nhw - gŵr o'r enw Iestyn Prydderch.'

'Iestyn Prydderch?' gofynnodd John yn syn.

'Ie, wyt ti'n ei adnabod o?'

'Ei adnabod o? Ydw, yn dda iawn,' atebodd John gyda gwên fach. 'Gwranda. Gad i mi adrodd stori fach wrthot ti am Iestyn Prydderch. . . .

Am flynyddoedd a blynyddoedd roedd Iestyn wedi bod allan o waith er ei fod o wedi cael llawer o glyweliadau gyda llawer o gynhyrchwyr teledu, cynhyrchwyr radio a chynhyrchwyr theatr. Roedd ganddo fo glyweliad gyda rhyw gynhyrchydd bob wythnos bron iawn! Mynd o glyweliad i glyweliad oedd ei hanes.

Wel, un diwrnod fe aeth o am glyweliad gyda chynhyrchydd 'Pobol y Cwm' - yr opera sebon enwog. Dywedodd y cynhyrchydd wrtho fo, "O'r gorau, Mr Prydderch, ardderchog. Dych chi wedi cael y rhan ac mae hon yn rhan dda iawn. Fe fyddwch chi mewn gwaith am flynyddoedd. Dewch yma ddydd Llun nesaf erbyn dau o'r gloch y prynhawn."

A wyddost ti beth ddwedodd Iestyn?

"Dydd Llun nesaf? Dau o'r gloch y prynhawn? Ond mae hynny'n amhosibl, mae gen i glyweliad"...'

annifyr, *unpleasant*     wyddost ti . . .? *do you know . . . ?*
cynifer, *so many*

# Rhaid i Bawb Gael Cysgu!

Roedd Luigi Notarianni yn gweithio mewn tŷ bwyta Eidalaidd yng Nghaernarfon. John Williams oedd ei enw iawn o ond roedd o'n teimlo bod Luigi Notarianni yn swnio'n well gan mai fo oedd y prif weinydd yn nhŷ bwyta gorau'r dref.

Ar wahân i hynny roedd o'n hoffi'r enw Eidalaidd ac roedd o wrth ei fodd pan oedd rhywun yn ei alw o'n Signore Notarianni. Rheolwr y tŷ bwyta oedd wedi gofyn iddo fo gymryd enw Eidalaidd yn y lle cyntaf ac roedd Luigi - neu yn hytrach John Williams - yn falch nad mewn tŷ bwyta Tseineiaidd roedd o'n gweithio!

Roedd Luigi yn arfer gweithio oriau hir a doedd o byth yn cyrraedd adref cyn tua dau o'r gloch y bore. Fflat un ystafell mewn bloc bychan o fflatiau ar y ffordd allan o'r dref oedd ganddo fo.

Yn union ar ôl cyrraedd adref o'i waith, gan ei fod o mor flinedig, roedd Luigi bob amser yn barod i fynd i'r gwely. Ryw noson ym mis Mehefin, cyrhaeddodd o adref wedi blino'n lân fel arfer. Eisteddodd o ar y gwely a chododd o'i draed a'u gosod nhw ar y gwely. Datododd o garrai un esgid ac yna cododd o'i goes a rhoi cic i'r esgid nes ei bod hi'n disgyn ar y llawr gyda chlep. Gwnaeth o'r un fath gyda'r esgid arall - datod y carrai ac yna cicio'r esgid i ffwrdd nes ei bod hi'n disgyn i'r llawr gyda chlep. Roedd hyn yn digwydd bob nos yn ddi-ffael a doedd Luigi ddim hyd yn oed yn sylweddoli ei fod o'n gwneud y fath beth.

Un diwrnod, pan oedd Luigi'n cerdded i lawr y grisiau o'i fflat, daeth merch ifanc ddeniadol ato fo a dweud,

'Esgusodwch fi, ond dw i'n byw yn y fflat o danoch chi. Bob tro byddwch chi'n tynnu eich esgidiau tua dau o'r gloch y bore, mae sŵn yr esgidiau'n

| | |
|---|---|
| prif weinydd, *head waiter* | disgyn, *to drop* |
| rheolwr, *manager* | clep, *bang* |
| yn hytrach, *rather* | yn ddi-ffael, *without fail* |
| yn union ar ôl, *straight after* | deniadol, *attractive* |
| datod, *to undo* | o danoch chi, *below you* |
| carrai, *laces* | |

31

taro'r llawr - hynny yw, yn taro fy nenfwd i ac yn fy neffro i, a dw i'n cael trafferth mawr mynd yn ôl i gysgu.'

'O, mae'n ddrwg iawn gen i,' meddai Luigi. 'Dw i'n gobeithio y gwnewch chi faddau i mi. Mi fydda i'n fwy gofalus yn y dyfodol - dw i'n eich sicrhau chi. Dw i ddim yn mynd i wneud twrw o hyn ymlaen, coeliwch fi. Fe gewch chi gysgu'n dawel o hyn ymlaen. Peidiwch poeni eto.'

Diolchodd y ferch iddo fo ac aeth Luigi i ffwrdd yn hapus gan freuddwydio am y ferch ifanc ddeniadol. Roedd o'n teimlo'n falch ei bod hi'n byw yn yr un adeilad â fo.

Y noson honno cyrhaeddodd Luigi adref am ddau o'r gloch y bore; roedd o wedi blino'n lân fel arfer. Eisteddodd o ar y gwely. Cododd o un droed ar y gwely. Datododd o garrai ei esgid chwith ac yna ciciodd o'r esgid nes ei bod hi'n syrthio i'r llawr gyda chlep. Cofiodd o'n sydyn am y ferch oedd yn byw yn y fflat o dano fo, ac, ar ôl datod carrai ei esgid dde, tynnodd o'r esgid yn ofalus oddi ar ei droed a gosododd o hi'n ofalus ar y llawr wrth ymyl y gwely heb wneud sŵn o gwbl. Roedd o'n teimlo'n hapus ei fod o wedi cofio am y ferch. Ar ôl gorffen tynnu oddi amdano fo aeth o i'r gwely ac ymhen deng munud roedd o'n cysgu'n sownd.

Awr yn ddiweddarach, deffrodd o'n sydyn. Roedd rhywun yn curo'n wyllt wrth y drws. Cododd Luigi ac aeth o i agor y drws ac, er mawr syndod iddo fo, pwy oedd yno ond y ferch oedd yn byw o dano fo.

'Dw i'n erfyn arnoch chi,' gwaeddodd y ferch. 'Er mwyn y nefoedd, wnewch chi dynnu'r esgid arall er mwyn i mi allu meddwl am fynd yn ôl i gysgu!'

taro, *to hit*
nenfwd, *ceiling*
trafferth, *trouble*
maddau, *to forgive*
twrw, *noise*
coeliwch fi, *believe me*

ar ôl gorffen tynnu oddi amdano fo, *after he'd finished undressing*
er mawr syndod iddo fo, *to his great surprise*
erfyn, *to beg, beseech*
er mwyn y nefoedd, *for heaven's sake*

# Torri'r Newydd

Roedd gan Sioned Humphries gath. Cath fawr ddu oedd hi ac roedd Sioned yn hoff iawn ohoni hi. Gan ei bod hi'n byw ar ei phen ei hun, roedd y gath yn gwmni mawr iddi hi.

Ychydig fisoedd yn ôl, penderfynodd Sioned fynd ar ei gwyliau i Dde Ffrainc. Y broblem oedd, pwy oedd yn mynd i edrych ar ôl y gath tra roedd hi i ffwrdd? Roedd ei mam a'i thad wedi marw - y ddau wedi cael eu lladd mewn damwain awyren. Dim ond un berthynas oedd gan Sioned. Ei nain oedd honno. Roedd ei nain yn hen ac yn anghofus, felly doedd hi ddim yn deg mynd i ofyn i'w nain edrych ar ôl y gath.

Cofiodd hi'n sydyn fod Jim Jenkins newydd symud i'r dref. Roedd Sioned yn adnabod Jim ers blynyddoedd, er pan oedden nhw yn yr ysgol gyda'i gilydd. Penderfynodd hi fynd i ofyn i Jim edrych ar ôl y gath. Neidiodd hi'n syth i'w char a mynd i weld Jim. Roedd Jim yn byw mewn bloc o fflatiau newydd yng nghanol y dref.

'Jim,' meddai Sioned, 'dw i'n mynd i Dde Ffrainc ar fy ngwyliau am bythefnos. Wnei di edrych ar ôl y gath nes i mi ddod adre?'

'Wrth gwrs,' atebodd Jim. 'Dim problem. Popeth yn iawn. Paid â phoeni. Mi edrycha i ar ei hôl hi.'

'Ardderchog,' meddai Sioned. 'A wnei di ffafr arall i mi hefyd? Wnei di alw i weld nain weithiau? Does dim byd yn bod arni hi, ond mae hi'n hen ac yn anghofus ac mae hi wedi cael ychydig o annwyd.'

'Wrth gwrs,' atebodd Jim eto. 'Paid â phoeni. Dos i Dde Ffrainc a mwynha dy hun ar dy wyliau.'

Cafodd Sioned amser ardderchog ar ei gwyliau. Roedd y tywydd yn braf, yr awyr yn las, y tywod yn euraidd, y môr yn dawel a'r haul yn boeth.

Ar ôl cyrraedd adref aeth hi'n syth i fflat Jim i nôl ei chath. Curodd hi

---

torri'r newydd, *to break the news*
cwmni, *company*
damwain awyren, *aeroplane accident*
anghofus, *forgetful*

teg, *fair*
yn syth, *straight (away)*
tywod, *sand*
euraidd, *golden*

wrth y drws. Daeth Jim i'r drws a phan welodd o Sioned yn sefyll yno dywedodd o'n swta ac yn oeraidd,

'Mae dy gath di wedi marw!'

'O na!' meddai Sioned. 'Fy nghath i wedi marw? O! Na! O! O! Na! Na! Ond, gwranda, Jim, rwyt ti'n gwybod cymaint roeddwn i'n caru'r gath 'na. Mi ddylet ti fod wedi torri'r newydd yn well na hynna. Mewn ffordd fwy - wel - caredig. Mwy tyner! Mi ddylet ti fod wedi fy mharatoi i am y sioc! Dweud rhywbeth fel hyn: "Wyddost ti, dy gath, wel, un diwrnod roedd hi'n chwarae'n braf gyda'i phêl allan ar y balconi, ac yn sydyn, wps, dyma hi'n syrthio oddi ar y pumed llawr!" Rwyt ti'n rhy galon galed. Does gen ti ddim teimlad! Ond, rwan - beth am fy nain, sut mae hi?'

'Dy nain?' meddai Jim. 'Wel, un diwrnod roedd hi'n chwarae'n braf gyda'i phêl allan ar y balconi, ac yn sydyn, wps, dyma hi'n syrthio oddi ar y pumed llawr . . . '

yn swta, *abruptly*                     calon galed, *hard-hearted*

# Y Cytundeb

Roedd Cadwaladr yn poeni. Doedd pethau ddim yn mynd yn dda o gwbl. Roedd arian yn brin a doedd ei fusnes ddim yn talu.

Gwerthwr ffrwythau oedd Cadwaladr ac roedd ganddo fo stondin ym marchnad y dref. Unwaith, roedd o'n gwneud arian da iawn yn y farchnad ac roedd pawb yn gwybod am stondin ffrwythau Cadwaladr. Ond, yn anffodus, tua naw mis yn ôl penderfynodd Cyngor y Dref, ar ôl trafod gyda'r heddlu, beintio llinellau melyn ar hyd y strydoedd ger y farchnad. Y canlyniad oedd bod busnes y farchnad wedi gostwng yn ofnadwy ac oherwydd bod llai o bobl yn dod i'r farchnad, roedd busnes Cadwaladr wedi gostwng hefyd. 'Dim Parcio' oedd ystyr y llinellau melyn i'r heddlu ond 'Dim Busnes' oedd eu hystyr nhw i Cadwaladr.

Un noson, roedd Cadwaladr yn eistedd yn ei hoff gadair freichiau wrth ymyl y tân. Roedd golwg bryderus iawn ar ei wyneb. Daeth ei wraig i'r tŷ ar ôl bod allan yn gweld un o'i ffrindiau.

'Wyt ti'n gwybod beth dw i newydd ei glywed?' gofynnodd ei wraig i Cadwaladr.

'Dim syniad,' ochneidiodd Cadwaladr.

'Wel, dw i wedi clywed rhywbeth i godi dy galon di,' meddai Siân. 'Trefor Edwards ydy rheolwr newydd Banc y Midland yn y Stryd Fawr. Beth wyt ti'n feddwl o hynna?'

'O, da iawn,' atebodd Cadwaladr. Ond doedd ganddo fo ddim diddordeb yn y newydd, roedd hi'n amlwg.

'Wel, dos i'w weld o,' dywedodd ei wraig. 'Roedd o yn yr ysgol efo ti. Efallai bydd o'n gallu dy helpu di.'

'Syniad da!' meddai Cadwaladr ar ôl meddwl am ychydig. 'Oedden, roedden ni yn yr ysgol gyda'n gilydd. 'Na i fynd i'w weld o 'fory i ofyn am fenthyg arian i brynu siop ffrwythau yn y dref.'

Fore trannoeth, gwisgodd Cadwaladr ei siwt orau a dechreuodd o

cytundeb, *agreement*
stondin ffrwythau, *fruit stall*
yn brin, *scarce*
trafod, *to discuss*

canlyniad, *result*
gostwng, *to decrease*
ystyr, *meaning*
pryderus, *anxious, worried*

gerdded tuag at y banc. Roedd Banc y Midland yng nghanol y Stryd Fawr ac roedd cannoedd o bobl yn cerdded heibio bob dydd.

'Dyma le bendigedig am fusnes,' meddai Cadwaladr wrtho'i hun. 'Mae mwy o bobl yn cerdded i lawr y Stryd Fawr mewn awr na sy'n dod i'r farchnad mewn wythnos! Does dim dwywaith am hynny.'

Yn sydyn, cafodd Cadwaladr syniad. Syniad gwych. Efallai fyddai dim rhaid iddo fo fenthyg arian o'r banc wedi'r cwbl.

Aeth o i mewn i'r banc a gofynnodd o am gael gweld ei hen ffrind ysgol, Trefor Edwards, y rheolwr newydd. Roedd Trefor yn falch o'i weld o ac, ar ôl sgwrsio am tua chwarter awr, dywedodd Cadwaladr wrtho fo,

'Wyt ti'n cofio fel roeddwn i'n arfer dy helpu di yn yr ysgol ers talwm? Fel roeddwn i'n dy helpu di gyda dy waith cartref? Lwcus mod i wedi dy helpu di gyda Mathemateg, yntê? Mae Mathemateg yn bwysig i ti nawr, fel rheolwr banc.'

'Ydw, dw i'n cofio'n iawn,' atebodd Trefor dan chwerthin.

'Wel,' meddai Cadwaladr, 'tybed wnei di fy helpu i rwan? Dw i ddim eisiau benthyg arian ond wnei di adael i mi osod fy stondin ffrwythau tu allan i'r banc? Mae o'n lle bendigedig, gyda chynifer o bobl yn cerdded heibio.'

'Cei, wrth gwrs,' meddai Trefor. 'Pob lwc i ti.'

A dyna wnaeth Cadwaladr. Gosododd o ei stondin ffrwythau tu allan i'r banc? Ac achos bod cynifer o bobl yn mynd heibio roedd ei fusnes yn llwyddiannus iawn ac roedd o'n gwneud digon o arian.

Ar ôl iddo fo fod yno am tua thri mis daeth Ted Parry i'w weld. Rhwng cwsmeriaid (achos roedd Cadwaladr yn brysur iawn) gofynnodd Ted iddo fo,

'Wyt ti'n ein cofio ni yn yr ysgol ers talwm? Roeddwn i'n eistedd tu ôl i ti yn y dosbarth. A phan oedd yr athro'n gofyn cwestiynau i ti roeddwn i'n sibrwd yr atebion yn dy glust di.'

'Ydw, dw i'n cofio'n iawn,' meddai Cadwaladr dan chwerthin.

'Wel,' meddai Ted, 'tybed wnei di fy helpu i rwan? '

'Wrth gwrs, os galla i,' meddai Cadwaladr. Ond roedd o braidd yn anesmwyth achos roedd o wedi clywed bod Ted Parry ddim yn ŵr i'w drystio, yn enwedig gydag arian.

'Wnei di roi benthyg pum cant o bunnau i mi?' gofynnodd Ted.

---

ers talwm, *a long time ago*       sibrwd, *to whisper*
cynifer, *so many*      anesmwyth, *uncomfortable*

'Mae'n ddrwg gen i,' meddai Cadwaladr, 'ond alla i ddim.'

'O, pam?' gofynnodd Ted. 'Does gen ti ddim arian?'

'Wel, oes,' atebodd Cadwaladr, gan bwyso pwys o afalau, 'ond mae gen i gytundeb gyda'r banc. Dw i wedi addo peidio â rhoi benthyg arian i neb ac mae'r banc wedi addo peidio â gwerthu ffrwythau . . .'

addo, *promise*

# Ystyr Bywyd

Beth ydy ystyr bywyd? Dyna'r cwestiwn mawr. Dyna'r cwestiwn sy wedi bod yn poeni dyn ers cannoedd - na, ers miloedd o flynyddoedd. A dyna'r cwestiwn oedd yn poeni'r Americanes gyfoethog dw i eisiau sôn amdani hi. Roedd hi wedi byw bywyd i'r eithaf. Roedd ei harian wedi rhoi popeth iddi hi - pleserau bywyd, bywyd moethus, y gallu i deithio a gweld y byd, cwmni dynion golygus, popeth yn wir. Ond, erbyn hyn, roedd hi newydd basio ei hanner cant oed ac roedd un peth mawr yn ei phoeni. Y peth mawr hwnnw, wrth gwrs, oedd y cwestiwn mawr: Beth ydy ystyr bywyd?

Penderfynodd hi ymchwilio am ateb. Aeth hi i ymweld ag Arlywydd America ac arweinyddion mawr y byd. Holodd hi bob math o bobl, athronwyr, meddylwyr mawr, beirdd ac awduron, gwŷr yr eglwys, esgobion a hyd yn oed y Pab yn Rhufain. Ond roedd yr holl holi yn gwbl ofer achos doedd neb yn gallu esbonio ystyr bywyd iddi hi.

Ar ôl dwy flynedd o ymchwilio a holi, clywodd hi am feudwy hynafol - y gŵr doetha yn yr holl fyd, medden nhw. Roedd yr hen ŵr yma yn byw ar ei ben ei hun mewn ogof fechan yng nghanol mynyddoedd Tibet. 'Yn sicr,' meddyliodd yr Americanes, 'mi fydd y meudwy doeth yma yn sicr o egluro ystyr bywyd i mi.'

Felly, trefnodd y wraig gyfoethog daith fawr. Cyflogodd hi bedwar person i arwain y ffordd a chant o bobl eraill i gario ei phaciau - achos roedd yr ogof mewn lle anghysbell iawn ac roedd angen llawer o bethau arni hi i deithio i fynyddoedd Tibet heb sôn am ddod o hyd i'r ogof arbennig honno.

| | |
|---|---|
| ystyr bywyd, *the meaning of life* | awdur,-on, *author,-s* |
| sôn amdani hi, *to talk about (her)* | esgob,-ion, *bishop,-s* |
| i'r eithaf, *to the full* | y Pab, *the Pope* |
| bywyd moethus, *a life of luxury* | yn gwbl ofer, *a complete waste* |
| ymchwilio, *to research* | meudwy, *hermit* |
| arweinydd,-ion, *leader,-s* | hynafol, *ancient* |
| athronydd, athronwyr, *philosopher,-s* | doeth, *wise* |
| meddyliwr, meddylwyr, *thinker,-s* | cyflogi, *to employ* |
| bardd, beirdd, *poet,-s* | anghysbell, *remote* |

41

Wedi misoedd a misoedd o deithio caled, wedi croesi llawer o fynyddoedd uchel a llynnoedd dwfn, wedi torri llwybr drwy goedwigoedd trwchus, wedi brwydro yn erbyn anifeiliaid gwyllt, wedi dioddef oerni ofnadwy yn ogystal â gwres dychrynllyd, wedi brwydro drwy eira a rhew, o'r diwedd, llwyddodd y wraig gyfoethog i gyrraedd ogof y meudwy. Erbyn hyn roedd hi ar ei phen ei hun achos roedd pawb arall wedi marw mewn damweiniau ofnadwy neu wedi rhewi i farwolaeth ar y daith beryglus neu wedi ei gadael hi. Roedd rhai'n rhy llwfr i wynebu'r holl beryglon, ond nid Beti - roedd hi'n benderfynol o ddod o hyd i ystyr bywyd!

Aeth Beti tuag at geg yr ogof, ac yno, yn eistedd ar groen ieti, roedd yr hen feudwy. Yn amlwg, roedd o'n hen iawn, iawn. Roedd ei ben o'n foel, ei farf o'n wyn, a dim ond un dant oedd ganddo fo yn ei geg, ond roedd golwg hapus ar ei wyneb a doedd o ddim wedi synnu o gwbl pan ddaeth yr Americanes i mewn i'r ogof. Ymgrymodd y wraig gyfoethog o flaen yr hen wr. Derbyniodd o hi'n hapus a dywedodd o wrth un o'i ddilynwyr, 'Dewch â chroen ieti i Beti. Rhaid ei bod hi wedi blino ar ôl ei thaith hir.'

'Ond sut dych chi'n gwybod am fy nhaith?' gofynnodd Beti'n syn.

'Dw i'n gwybod popeth, fy merch,' atebodd o'n araf. 'Popeth am beth sy wedi digwydd, popeth am beth sy'n digwydd rwan, popeth am beth sy'n mynd i ddigwydd. Dw i'n gwybod faint o sêr sydd yn yr awyr a . . .'

'Gallwch chi fy helpu i 'te,' dywedodd Beti'n eiddgar.

'Galla, fy merch,' atebodd y meudwy'n araf iawn. 'Dych chi eisiau gwybod beth ydy ystyr bywyd. Mae'n hollol syml! Mae'n amlwg! Mae'n rhesymegol!'

Roedd Beti'n dechrau cynhyrfu. O'r diwedd, ar ôl yr holl deithio, roedd hi ar fin dod o hyd i ystyr bywyd.

'Afon fawr ydy bywyd,' parhaodd y meudwy'n araf.

Syrthiodd ceg Beti'n agored. Doedd hi ddim yn gallu credu beth roedd hi'n ei glywed.

'Afon fawr ydy bywyd,' dechreuodd o unwaith eto, gyda golwg bell iawn yn ei lygaid. 'Ie, afon fawr,' ailadroddodd o gan bwysleisio pob gair.

---

trwchus, *thick*  
brwydro, *to fight*  
dychrynllyd, *terrible*  
llwfr, *cowardly*  
moel, *bald*  
ymgrymu, *to bow*

yn eiddgar, *eagerly*  
rhesymegol, *logical*  
ar fin, *about to*  
ailadrodd, *to repeat*  
pwysleisio, *to emphasise*

'Ond yn enw'r nefoedd!' gwaeddodd y wraig gyfoethog. 'Dydy hyn ddim yn bosib! Dych chi'n meddwl dweud wrtho i fy mod i wedi cerdded cannoedd - na miloedd, o filltiroedd er mwyn dod yma. Dw i wedi dioddef, wedi peryglu fy mywyd lawer gwaith, wedi bod yn agos i farwolaeth sawl tro. Dw i wedi chwysu a chrïo dagrau. Dw i wedi cael fy mrathu a 'mhigo gan anifeiliaid a phlanhigion. Mewn gair, dw i wedi bod drwy Uffern! Hyn oll er mwyn cael yr ateb i'r cwestiwn mawr . . . er mwyn canfod y gwirionedd mawr . . . A'r cyfan dych chi'n gallu ei ddweud wrtho i ydy rhyw lol wirion fel yna?'

Pan glywodd y meudwy hyn aeth ei wyneb o'n wyn. Roedd o'n llawn ofn a dychryn. Dechreuodd o grynu yn ofnadwy a meddai mewn llais crynedig, 'Pam? . . . Dych chi'n meddwl dweud wrtho i, ar ôl yr holl flynyddoedd yma yn eistedd ar fy nghroen ieti, yn cynghori arweinwyr pwysig y byd, NAD afon fawr ydy bywyd . . .?'

brathu, *to bite*

pigo, *to sting*

canfod, *discover*

hyn oll, *all this*

crynu, *to shake*

crynedig, *shaky*

cynghori, *to advise*

# Arian Parod Iawn

Roedd Branwen Protheroe yn wyth deg chwech oed. Roedd hi'n byw ar ei phen ei hun mewn llecyn braf tu allan i'r dref. Er ei bod hi'n hen roedd hi'n ifanc iawn ei hysbryd ac yn sionc ar ei thraed. Roedd hi wedi codi'n gynnar y bore hwnnw achos roedd hi'n mynd i'r dref i weld ei ffrind, Morfudd. Byddai Branwen yn mynd i ymweld â Morfudd unwaith bob pythefnos. Pan gyrhaeddodd Branwen y tŷ gwelodd hi fod Morfudd yn hapus iawn. Y rheswm am ei hapusrwydd oedd bod ei merch wedi prynu peiriant golchi yn anrheg pen-blwydd iddi hi. Pan welodd Branwen y peiriant golchi roedd hi wedi synnu.

'Bobol Annwyl!' meddai. 'Peiriant yn golchi dillad! Be' nesa'!'

Ar ôl i Morfudd ddangos i Branwen sut roedd y peiriant yn gweithio, roedd yr hen wraig wedi rhyfeddu.

'O!' meddai. 'Rhaid i mi gael un o'r rhain. Rhaid wir!'

Y diwrnod hwnnw, ar ôl cyrraedd adref, aeth hi'n syth i fyny'r grisiau ac i'r ystafell wely. Aeth hi i lawr ar ei gliniau a thynnodd allan y bocs du oedd wedi ei guddio o dan y gwely. Yn y bocs hwn roedd hi'n cadw ei harian. Ar ôl cyfrif tri chan punt mewn papurau pumpunt a rhoi'r arian yn ei phwrs, gwthiodd hi'r bocs du yn ôl i'w le o dan y gwely. Aeth hi i'w gwely yn gynnar y noson honno a rhoiodd hi'r pwrs yn saff o dan y gobennydd cyn mynd i gysgu.

Y bore trannoeth aeth hi i'r dref unwaith eto. Y tro hwn aeth hi'n syth i siop fawr y Co-op ac i lawr y grisiau i'r basment. Gwelodd hi beiriant golchi newydd sbon yn y gornel. Roedd o'n edrych yn hardd iawn ac roedd Branwen wedi gwirioni arno fo. Aeth hi'n syth at y cownter a gofynnodd hi i'r gŵr ifanc oedd yn sefyll yno beth oedd pris y peiriant.

'Dau gant wyth deg,' atebodd y gŵr ifanc.

'Iawn,' meddai Branwen. 'Mi bryna i o.'

---

arian parod, *(ready) cash*
llecyn, *spot*
sionc, *lively, sprightly*
wedi rhyfeddu, *surprised*

ar ei gliniau, *on her knees*
gobennydd, *pillow*
gwirioni ar, *to dote upon*

Tynnodd hi ei phwrs o'i phoced ac, ar ôl cyfri'n fanwl, rhoiodd yr arian ar y cownter.

'Dyna chi,' meddai wrth y gŵr ifanc, 'dau gant wyth deg o bunnau.'

'Diolch yn fawr,' atebodd y gŵr ifanc. 'Mi fydd y peiriant golchi yn cael ei ddanfon atoch chi heno. Ond, ga i ofyn pam dych chi'n cario cymaint o arian parod yn eich pwrs? Dych chi'n gofyn am drwbl. Mae 'na gymaint o ladron o gwmpas y dyddiau yma - mae hi mor hawdd colli pwrs hefyd. Fe ddylech chi ddefnyddio llyfr sieciau. Dyna fyddai orau. Mae hynny'n llawer mwy cyfleus.'

'Llyfr sieciau?' meddai Branwen. 'O, dw i ddim yn deall sieciau.'

'O! Mae defnyddio llyfr sieciau yn ddigon hawdd,' meddai'r gŵr ifanc yn siriol. 'Y cyfan sy angen i chi ei wneud ydy agor cyfrif banc - hynny ydy, rhoi arian yn y banc, wedyn, bob tro byddwch chi eisiau prynu rhywbeth, y cyfan sy angen i chi ei wneud ydy ysgrifennu cyfanswm y bil ar y siec, a'i harwyddo hi, a dyna chi. Mae hi mor syml â hynna!'

Y diwrnod wedyn, ar ôl tynnu mil o bunnau o'r bocs du o dan y gwely, aeth Branwen â'r arian i'r banc agosaf. Roedd y rheolwr banc wrth ei fodd ac yn gwenu o glust i glust ar ôl cael agor cyfrif newydd i Branwen.

'O! Dyna ddyn neis,' meddyliodd Branwen wrth i'r rheolwr roi llyfr sieciau iddi hi. 'Chwarae teg iddo fo am wrando!'

Wythnos yn union ar ôl agor y cyfrif banc, aeth Branwen am drip i Landudno ar y bws gyda Morfudd. Yno, prynodd Branwen bob math o bethau gan ddefnyddio ei llyfr sieciau. Roedd hi wedi dysgu sut i'w ddefnyddio fo yn fuan iawn. Prynodd hi set deledu newydd - un gyda theledestun, prynodd hi rewgell, prynodd hi gar bach coch ail-law (doedd hi ddim yn gallu gyrru car, ond roedd hi'n hoffi'r lliw), prynodd hi beiriant golchi llestri a llawer o fân bethau eraill. Roedd y llyfr sieciau yn ddefnyddiol dros ben.

Bythefnos yn union ar ôl y trip i Landudno cafodd Branwen lythyr o'r banc yn gofyn iddi hi fynd i weld y rheolwr ar unwaith. Aeth hi i'r banc ar unwaith. Doedd y rheolwr ddim yn gwenu y tro hwn.

Roedd golwg boenus iawn arno fo.

lleidr, lladron, *thief, thieves*
yn siriol, *cheerfully*
cyfrif banc, *bank account*
cyfanswm, *total*
arwyddo, *to sign*
chwarae teg, *fair play*

yn union, *exactly*
rhewgell, *deep freeze*
ail-law, *second-hand*
mân bethau, *small things*
defnyddiol, *useful*
golwg, *look, expression*

'Be' sy'n bod?' gofynnodd Branwen i'r rheolwr. 'Oes rhywbeth yn eich poeni chi? Rhywbeth o'i le?'

'Rhywbeth o'i le? Mrs Protheroe bach!' meddai'r rheolwr, yn sychu'r chwys oddi ar ei dalcen. 'Rhywbeth o'i le? Gwrandewch. Bythefnos yn ôl fe ddaethoch chi â mil o bunnau yma i'w rhoi yn eich cyfrif banc newydd. Ers hynny dych chi wedi bod yn brysur iawn gyda'ch llyfr sieciau ac wedi ysgrifennu sieciau am dros bedair mil o bunnau!'

'Do, mae'n debyg,' atebodd Branwen. 'Ond beth ydy'r broblem? Dw i ddim yn deall.'

'Y broblem?' gwaeddodd y rheolwr, â'i wyneb yn goch. 'Y broblem ydy fod eich cyfrif banc yn y coch o dros dair mil o bunnau!'

'Beth mae hynny'n ei olygu?' gofynnodd Branwen. Roedd hi wedi dychryn braidd, achos roedd wyneb y rheolwr wedi dechrau troi'n biws.

'Mae hynny'n golygu, Mrs Protheroe, gan mai mil o bunnau ddaethoch chi i'r banc yn y lle cyntaf, mae hynny'n golygu fod arnoch chi dair mil o bunnau i'r banc!'

'O! Iawn! O'r gorau! Peidiwch â chynhyrfu fel hyn,' meddai Branwen, gan wenu ar y rheolwr. 'Arhoswch funud . . . mi ysgrifenna i siec i chi ar unwaith.'

chwys, *perspiration*
talcen, *forehead*
golygu, *to mean*

[mae] arnoch chi, *you owe*
cynhyrfu, *to become agitated*

# Ail Gyfle

Canwr pop oedd Wayne Hopkins. Roedd o wedi bod yn enwog unwaith. Roedd o wedi gwneud llawer o arian ac roedd o wedi bod yn byw mewn tŷ moethus. Ond roedd pethau wedi newid. Roedd yr arian wedi mynd ac erbyn hyn roedd o'n byw mewn un stafell fechan mewn bloc o fflatiau hyll. Doedd o ddim wedi gweithio ers deng mlynedd. Roedd o wedi gwerthu popeth oedd ganddo fo er mwyn cael arian i fyw. Roedd hyd yn oed ei ddodrefn wedi mynd. Dim ond dwy gadair a gwely a'r ffôn oedd ar ôl. Roedd o wedi cadw'r ffôn - rhag ofn.

Ond, wrth gwrs, doedd y ffôn byth yn canu, a'r cyfan oedd gan Wayne, druan, oedd ei atgofion a'i wraig. Ond, un bore, fe ganodd y ffôn. Neidiodd Wayne. Rhedodd o at y ffôn. Cododd o'r ffôn a gwrandawodd o ar y llais ar y pen arall yn dweud,

'Rheolwr y Palladium yn Llundain sy'n siarad! Mae Tom Jones wedi cael annwyd trwm. Mae o wedi colli ei lais yn llwyr. Dych chi'n rhydd i gymryd ei le o ar y llwyfan o nos 'fory ymlaen fel seren y sioe?'

Teimlodd Wayne ei hun yn mynd yn oer drosto. Doedd o ddim yn gallu credu beth roedd o'n ei glywed. Roedd o wedi cynhyrfu'n lân. Llwyddodd o i ddweud gyda'i lais yn crynu,

'Y . . . Wel . . . Y . . . Ydw, wrth gwrs!'

'Ardderchog! Gwych!' meddai'r llais. 'Mi fyddwn ni'n eich disgwyl chi nos 'fory! Os bydd problem, neu ryw newid yn y cynlluniau, mi anfona i delegram atoch chi cyn hanner dydd 'fory . . . Ond dw i bron yn sicr fydd dim problem . . . dw i'n dibynnu arnoch chi!'

Roedd Wayne wrth ei fodd. Doedd o erioed wedi bod mor hapus. Dywedodd o wrth ei wraig am fynd i brynu siwt newydd iddo fo - a thalu amdani hi drwy werthu'r fatras. Treuliodd o'r prynhawn a'r nos yn ymarfer ei ganeuon - rhag ofn ei fod o wedi anghofio'r geiriau.

| | |
|---|---|
| ail gyfle, *second chance* | rheolwr, *manager* |
| hyll, *ugly* | yn llwyr, *completely* |
| dodrefn, *furniture* | llwyfan, *stage* |
| druan, *poor thing* | cynhyrfu, *to become excited* |
| atgof,-ion, *memory, memories* | cynllun,-iau, *plan,-s* |

Roedd o'n methu'n lân â mynd i gysgu y noson honno. (Wrth gwrs, doedd ganddo fo ddim matras, roedd hynny'n gwneud pethau'n waeth!) Dychmygodd o'n aml ei fod o'n clywed y ffôn yn canu a bod llais yn dweud wrtho fo fod Tom Jones wedi gwella. Chysgodd o ddim o gwbl drwy'r nos.

Y bore trannoeth, cafodd Wayne fore ofnadwy. Weithiau, roedd o'n gweld ei hun ar lwyfan y Palladium gyda channoedd o bobl, merched yn bennaf, yn gweiddi ac yn curo dwylo. Y munud nesa roedd o'n siŵr mai jôc oedd y cyfan - rhywun yn chwarae tric arno fo.

Drwy'r bore, y cyfan roedd o'n ei wneud oedd ailadrodd wrtho'i hun bob munud,

'Os na ddaw telegram cyn hanner dydd mi fydd popeth yn iawn! Os na ddaw telegram cyn hanner dydd mi fydd popeth yn iawn!'

Roedd o'n methu'n lân ag eistedd yn llonydd. Cerddodd o o gwmpas yr ystafell fel teigr mewn caets. Chwarter wedi un ar ddeg! Dim telegram!

'O! Plîs gad i bethau aros fel hyn!'

Ugain munud i hanner dydd! Dim telegram! Deng munud i hanner dydd! Dim byd hyd yn hyn. Erbyn hyn roedd o'n byw ar ei nerfau.

Pum munud i hanner dydd! Munud i hanner dydd! O! Roedd popeth yn mynd i fod yn iawn! Roedd o'n mynd i fod yn seren y byd pop unwaith eto! Gwelodd o, yn ei feddwl, y merched ifanc yn rhedeg ar ei ôl o, yn tynnu ei wallt ac yn ei gusanu o ac yn gweiddi eu bod nhw'n ei garu o.

Hanner dydd! Cnoc ar y drws! Suddodd ei galon.

'Mae popeth drosodd! Mae popeth ar ben! Mae'r freuddwyd wedi ei chwalu. Mae'r telegram wedi cyrraedd!'

Dyma oedd yn mynd trwy ei feddwl o.

Aeth o i agor y drws. Y postmon oedd yno gyda thelegram. Gwthiodd y postmon y telegram i law Wayne. 'Ffarwél freuddwydion!' Gafaelodd o yn y telegram, ei ddwylo'n crynu a'i wyneb yn drist. Agorodd o'r telegram. Darllenodd o'r geiriau. Yna, newidiodd ei wyneb yn llwyr. Roedd o'n gwenu o glust i glust. Dim ond hapusrwydd oedd ar ei wyneb rwan. Dechreuodd o weiddi a dawnsio mewn llawenydd. Galwodd o ar ei wraig i ddod yno,

| | |
|---|---|
| dychmygu, *to imagine* | suddo, *to sink* |
| curo dwylo, *to clap* | chwalu, *to shatter* |
| ailadrodd, *to repeat* | gwthio, *to push* |
| tynnu, *to pull* | gafael yn, *to get hold of* |

cusanodd o hi, gafaelodd o'n dynn ynddi hi a gweiddi gan chwifio'r telegram,

'Cariad! Newyddion ardderchog! Does dim problem! Mae popeth yn iawn! Tŷ dy fam sy wedi llosgi i'r llawr - dyna i gyd!'

chwifio, *to wave*

# Newid Meddwl

Roedd Gethin Puw yn arfer mynd i wylio'r rasys ceffylau bob dydd Sadwrn. Roedd o'n hoffi ceffylau, ond yn fwy na dim, roedd o'n hoffi gamblo. A dweud y gwir, roedd o'n un da am bigo'r enillwyr ac roedd o'n ennill arian yn weddol aml.

Un dydd Sadwrn aeth Gethin â'i wraig, Betsan, gyda fo i'r rasys. Doedd hi erioed wedi bod yn gweld rasys ceffylau o'r blaen ac roedd hi wedi bod yn edrych ymlaen yn fawr at y diwrnod.

'Dw i'n teimlo'n lwcus heddiw,' meddai Gethin wrth ei wraig. 'Rwan, dyma ddeg punt. Dos at y bwci a rho'r arian ar 'Tywysog'.'

Aeth Betsan yn syth at y bwci - *Honest Joe Jones* oedd ei enw o - a dywedodd hi wrtho fo, 'Deg punt i ennill ar 'Tywysog' os gwelwch chi'n dda.'

Roedd dyn mewn cap coch yn sefyll yn ymyl. Pan glywodd o Betsan yn dweud 'Tywysog', gafaelodd o yn ei braich hi'n dynn a dywedodd o wrthi hi,

'Peidiwch â bod yn wirion. Does gan y ceffyl yna ddim gobaith! Rhowch eich arian ar 'Rhodri o'r Cwm'. Fo sy'n mynd i ennill. Coeliwch fi! Dw i'n gwybod!'

'Dych chi'n siŵr?' gofynnodd Betsan. Doedd hi ddim yn cymryd llawer i newid meddwl Betsan, felly cytunodd y wraig a rhoiodd hi'r arian ar 'Rhodri o'r Cwm' yn lle ar geffyl ei gŵr.

Aeth Betsan yn ôl at Gethin ond ddywedodd hi ddim byd wrtho fo am y newid. Basai'n syrpreis bendigedig iddo fo pan fasai 'Rhodri o'r Cwm' yn ennill!

Dechreuodd y ras. Rhedodd y ceffylau'n gyflym. Aeth 'Rhodri o'r Cwm' ar y blaen. Roedd o'n rhedeg yn gyflym ofnadwy. Doedd dim un ceffyl arall yn gallu ei ddal - ond un - 'Tywysog'! Pasiodd o 'Rhodri o'r Cwm' i ennill y ras!

'Hwrê,' meddai Gethin, gan daflu ei het i'r awyr. 'Dyn ni wedi ennill! Deg i un oedd y pris, felly dyn ni wedi ennill can punt! Dos at y bwci - *Honest Joe Jones* - i nôl yr arian.'

| | |
|---|---|
| newid meddwl, *to change (one's) mind* | gwirion, *daft* |
| yn weddol aml, *quite often* | coeliwch fi, *believe me* |
| gafael, *to get hold of/grasp* | yn lle, *instead of* |
| yn dynn, *tightly* | ar y blaen, *in front* |

'O! Cariad!' meddai Betsan, yn baglu dros ei geiriau. 'Mae'n ddrwg gen i ond wnes i ddim rhoi'r arian ar y ceffyl yna. Mi wnes i gyfarfod â dyn mewn cap coch. Mi ddwedodd o wrtho i am roi'r arian ar geffyl arall!'

'Beth?' gwaeddodd Gethin, yn methu â deall. 'Dyn mewn cap coch? Wyt ti'n ddigon gwirion i wrando ar ddyn dieithr? Rhywun dwyt ti ddim yn ei nabod? Wyt ti'n sylweddoli ein bod ni wedi colli can punt? Pam ar y ddaear wnes i ddod â ti yma o gwbl?'

'Mae'n ddrwg gen i,' oedd yr unig beth roedd hi'n gallu dweud. Roedd hi'n edrych yn siomedig iawn achos ei bod hi wedi bod mor ffôl a bod ei gŵr hi mor ddig. Sylweddolodd o ei bod hi'n teimlo'n siomedig, a phenderfynodd o mai'r peth gorau oedd dechrau eto.

'Rwan, gwranda. Does dim byd i'w wneud. Beth am drïo eto? Dyma hanner can punt. Dos at *Honest Joe Jones* a rho'r arian i gyd ar 'Gwas yr Haf'. Iawn? 'Gwas yr Haf'! 'Gwas yr Haf'!'

Aeth y wraig yn syth at y bwci unwaith eto. Roedd hi ar fin rhoi'r arian ar 'Gwas yr Haf' pan deimlodd hi law yn gafael yn dynn yn ei braich. Ie, dyn y cap coch oedd yno unwaith eto.

'Peidiwch â bod yn wirion,' meddai'r dyn yn y cap coch. 'O bob ceffyl yn y ras, dych chi wedi dewis 'Gwas yr Haf'! Dewis ffôl iawn! Dych chi'n gwneud camgymeriad mawr. Lwcus 'y mod i wedi'ch gweld chi i'ch rhwystro chi. Dw i'n digwydd gwybod fod annwyd trwm ar 'Gwas yr Haf'. Does ganddo fo ddim gobaith ennill. Dim gobaith! Mae disgwyl i 'Gwas yr Haf' ennill fel disgwyl i ful ennill y *Grand National!*'

'Dych chi'n meddwl hynny?' gofynnodd Betsan, mewn penbleth. 'Ond, y peth ydy, mae fy ngŵr i wedi dweud wrtho i am roi'r arian ar 'Gwas yr Haf' . . .'

'Eich gŵr chi?' meddai'r dyn yn y cap coch, gan dorri ar ei thraws. 'Peidiwch â gwrando arno fo. Mae'n amlwg dydy o ddim yn gwybod am yr annwyd. Rhowch chi'r arian ar 'Tess y Felin'. Gwrandewch arna' i. Dw i'n gwybod.'

Ac, wrth gwrs, gwrandawodd Betsan arno fo a rhoiodd hi'r arian ar 'Tess y Felin'. Aeth hi yn ôl at ei gŵr yn teimlo'n falch unwaith eto. Roedd hi'n mynd

| | |
|---|---|
| baglu, *to trip* | rhwystro, *to stop/prevent* |
| dyn dieithr, *stranger* | mul, *mule* |
| sylweddoli, *to realise* | mewn penbleth, *in a quandary* |
| ar fin, *about to* | torri ar draws, *to interrupt* |

i ddangos iddo fo ei bod hi, hefyd, yn deall gamblo. Doedd o, wrth gwrs, ddim yn gwybod am yr annwyd, ac roedd hi, ar ôl clywed y newyddion, wedi penderfynu - yn ddoeth iawn - mai 'Tess y Felin' oedd y bet gorau. Basai, fe fasai ei gŵr hi'n falch iawn ohoni hi pan fasai 'Gwas yr Haf' yn colli'r ras a 'Tess y Felin' yn dod yn gyntaf. Roedd hi wrth ei bodd. Ond ddywedodd hi ddim byd wrth Gethin - roedd hi'n mynd i ddweud wrtho fo ar ôl i'r ras orffen.

Rhedodd y ceffylau'n gyflym - pob un ohonyn nhw. Doedd 'Gwas yr Haf' ddim yn dioddef o unrhyw annwyd, roedd hi'n amlwg, ac wrth gwrs, ar ddiwedd y ras, fo enillodd. Roedd Betsan yn teimlo'n ofnadwy. Beth oedd Gethin yn mynd i'w ddweud?

Pan welodd Gethin ei wraig yn edrych mor drist ar ôl y ras, dywedodd o wrthi hi,

'Paid ag edrych mor drist! Y tro 'ma dyn ni wedi ennill! Deuddeg i un oedd pris y ceffyl. Felly, dyn ni wedi ennill chwe chant o bunnau! Chwe chant!'

'O! Na,' meddai Betsan, gyda'r dagrau yn llifo i lawr ei bochau. 'Roeddwn i'n mynd i roi'r arian ar 'Gwas yr Haf' ond mi welais i'r dyn yn y cap coch eto ac fe berswadiodd o fi i roi'r arian ar 'Tess y Felin'.'

Pan glywodd Gethin hyn roedd o wedi gwylltio'n arw. Roedd o'n wyllt gacwn!

'Y ffŵl!' gwaeddodd o. 'Dyma'r tro olaf cei di ddod gyda mi i'r rasys ceffylau. Gwranda. Pwy sy'n deall ceffylau? Fi sy'n deall ceffylau! Dwyt ti ddim! Dyn mewn cap coch, wir! Dydy hwnnw'n deall dim am geffylau chwaith! Gan mai fi ydy'r arbenigwr fe ddylet ti o leiaf wneud fel dw i'n dweud!'

'Dw i'n gwybod hynny,' meddai Betsan, 'ond y peth oedd, roedd . . . '

'O! O! O'r gorau! O'r gorau!' meddai Gethin yn torri ar ei thraws. Roedd hi'n amlwg ei fod o wedi gwylltio o hyd. Sychodd o'r chwys oddi ar ei dalcen a llaciodd o'i dei. Rhoiodd o'i law yn ei boced a thynnodd o ddarn punt allan.

'O'r gorau,' meddai o eto. 'Rwan dos i nôl pepsi-cola i mi.'

---

deigryn, dagrau, *tear,-s*
llifo, *to flow*
gwylltio'n arw, *to become really angry*
gwyllt gacwn, *furious*

torri ar ei thraws, *to interrupt her*
chwys, *perspiration*
llacio, *to loosen*

Aeth Betsan i ffwrdd gan sychu'r dagrau oddi ar ei hwyneb. Bum munud yn ddiweddarach daeth hi yn ôl gyda photelaid o sudd oren.

'Pepsi-Cola ddwedais i!' gwaeddodd Gethin â'i wyneb yn goch.

'Ie,' meddai Betsan, braidd yn drist, 'ond mi welais i'r dyn yn y cap . . .'

# Rhagor o Lo!

Dyn prysur oedd Geraint Bowen. Roedd o'n mynd a dod i rywle bob dydd. Y canlyniad oedd mai anaml iawn roedd o gartref pan oedd rhywun yn galw yn ei dŷ o. Wel, y diwrnod arbennig hwn, roedd o wedi mynd i Gaerfyrddin i weld ei fodryb, ond cyn mynd roedd o wedi galw i weld y dyn glo er mwyn gofyn iddo fo adael glo yn y cwt glo ger y tŷ. Roedd yn gas gan y dyn glo alw yn nhŷ Geraint, achos roedd y cwt glo mewn lle anodd iawn mynd ato fo. Am ryw reswm roedd yr adeiladydd wedi ei adeiladu o wrth ymyl y tŷ - ond ar ben y grisiau cerrig, felly roedd rhaid cario'r sacheidiau o lo i fyny'r grisiau er mwyn gallu cyrraedd y cwt.

Cyrhaeddodd y dyn glo y tŷ ac, ar ôl sylwi nad oedd Geraint gartref - doedd ei gar ddim o flaen y tŷ - 'penderfynodd o adael dwy sachaid o lo iddo fo. Cariodd o nhw dan rwgnach i fyny'r grisiau cerrig ac yna eu gwagio nhw i'r cwt glo. Yn sydyn, clywodd o lais yn dod o'r tu ôl i un o ffenestri'r tŷ,

'Hei! Dwy sachaid eto!' meddai'r llais.

'Dyna beth od,' meddyliodd y dyn, 'nid llais Mr Bowen oedd hwnna. O wel, efallai mai ei dad sy yna, yn gofalu am y tŷ tra mae Mr Bowen allan - a gŵr digon od a swil ydy ei dad yn ôl pob sôn, byth yn cymysgu â neb.'

Aeth y dyn glo yn ôl at y lori ac yna cariodd ddwy sachaid arall o lo i fyny'r grisiau cerrig ac yna eu gwagio nhw i'r cwt. Sychodd o ei dalcen achos roedd hi'n ddiwrnod poeth iawn ym mis Awst.

'Hei! Dwy sachaid eto!,' meddai'r llais unwaith eto.

'O'r gorau! O'r gorau!' atebodd y dyn dan rwgnach, a gwnaeth fel roedd y llais yn gorchymyn. Digwyddodd yr un peth dro ar ôl tro - y llais yn galw,

'Hei! Dwy sachaid eto!' a'r dyn yn eu llusgo nhw i fyny'r grisiau i'r cwt. Ar

| | |
|---|---|
| canlyniad, *result* | gwagio, *to empty* |
| anaml, *rarely* | yn ôl pob sôn, *apparently* |
| cwt glo, *coal house* | talcen, *forehead* |
| adeiladydd, *builder* | gorchymyn, *to order* |
| sachaid, sacheidiau, *sackful,-s* | dro ar ôl tro, *again and again* |
| sylwi, *to notice* | llusgo, *to drag* |
| grwgnach, *to grumble* | |

ôl hanner awr roedd y cwt glo'n orlawn ac roedd rhaid iddo fo adael pentwr mawr o lo y tu allan i ddrws y cwt. Erbyn hyn doedd dim rhagor o lo ar ôl ganddo fo ar y lori ac fe benderfynodd o fynd adref - doedd ganddo fo ddim nerth i guro wrth y drws i ofyn am ei arian.

'Yfory! Yfory!' meddai o'n flinedig gan sychu'r chwys oddi ar ei dalcen.

Cyrhaeddodd Geraint adref o Gaerfyrddin. Pan welodd o'r holl lo aeth yn gynddeiriog. Roedd o wedi gwylltio'n ofnadwy. Aeth o i mewn i'r tŷ ar unwaith a gwelodd o'i barot yn sefyll ar gefn cadair ger y ffenestr yn chwerthin yn uchel.

'Y ffŵl! Yr aderyn gwirion! Yr hen genau bach!' gwaeddodd Geraint. 'Dw i'n mynd i ddysgu gwers i ti, y cnaf.' Gafaelodd o yn y parot ac ysgwydodd o nes bod ei blu lliwgar yn disgyn i bob man. Yna rhoiodd o gic iddo fo drwy'r drws nes ei fod o'n glanio yng nghanol y pentwr glo. Doedd hyn ddim yn ddigon i dawelu tymer Geraint, felly gafaelodd o yn yr hen gath fawr ddu; ysgwydodd o hi'n wyllt a thaflodd o hi allan nes ei bod hi'n glanio wrth ochr y parot yng nghanol y glo.

Doedd y parot ddim wedi dysgu ei wers o gwbl achos roedd o'n dal i chwerthin yn uchel - ond llwyddodd o i sibrwd wrth y gath, 'Wel! Wel! Dwed y gwir nawr. Wnest ti ordro glo hefyd?'

gorlawn, *overflowing*
pentwr, *heap*
chwys, *perspiration*
yn gynddeiriog, *furious*

cenau, cnaf, *rascal*
ysgwyd, *to shake*
gafael yn . . . , *to get hold of . . .*
plu, *feathers*

# Ffobia Lleidr

Lleidr oedd Gwyn Prosser - lleidr proffesiynol. Ei waith o oedd torri i mewn i dai a siopau a dwyn gemau ac arian. Roedd hyn braidd yn od achos bachgen ifanc, nerfus oedd Gwyn. Bob tro roedd o'n gweld plismon yn cerdded i lawr y stryd roedd o'n mynd yn oer, roedd chwys oer yn dod i'w dalcen, roedd ei wyneb yn mynd yn goch ac roedd o'n crynu fel deilen.

Ond roedd Gwyn yn benderfynol o fod yn lleidr llwyddiannus achos roedd bod yn lleidr yn rhan o draddodiad y teulu. Roedd ei dad, ei daid, a'i hen daid i gyd wedi bod yn lladron proffesiynol llwyddiannus ac roedd Gwyn yn benderfynol o gadw'r traddodiad ymlaen - doedd o ddim eisiau siomi ei dad.

Y peth rhyfedd oedd ei fod o ddim yn nerfus o gwbl pan oedd o'n gweithio - hynny ydy, pan oedd o'n dwyn. Na, dim ond pan oedd o'n gweld plismon roedd o'n mynd yn nerfus. Roedd edrych ar lun plismon, neu hyd yn oed gweld actor yn chwarae rhan plismon ar y teledu, yn codi ofn arno fo. Roedd o wedi bod yn gweld seiciatrydd unwaith i geisio concro'r ofn, ond doedd hwnnw ddim yn gallu helpu ryw lawer. Ond fe wnaeth y seiciatrydd ddarganfod beth oedd wedi achosi'r ofn - neu'r ffobia - yn y lle cyntaf. Y rheswm, yn ôl y seiciatrydd, oedd ei fod o wedi cael ei ddychryn gan blismon pan oedd o'n blentyn.

Roedd Gwyn yn cofio'n iawn sut roedd o wedi cael ei ddychryn gan blismon. Pan oedd o'n wyth oed roedd ei fam wedi mynd ar goll. Gan fod ei dad yn y carchar, roedd rhaid i Gwyn fynd i chwilio amdani hi. Ar ôl chwilio drwy'r dref am dridiau, aeth Gwyn at yr heddlu. Gofynnodd y plismon i Gwyn am ddisgrifiad o'i fam.

'Wel,' meddai Gwyn, 'mae hi'n dal - chwe throedfedd a chwe modfedd - mae ganddi hi wallt coch, mae hi'n gloff, dim ond un llygad sy ganddi hi ac mae hi'n pwyso un deg naw stôn.'

| | |
|---|---|
| lleidr, *thief* | ar goll, *lost* |
| gem,-au, *jewellery* | carchar, *prison* |
| crynu fel deilen, *to shake like a leaf* | tridiau, *three days* |
| penderfynol, *determined* | cloff, *lame* |
| dwyn, *to steal* | troedfedd, *foot (height)* |
| hen daid, *great grandfather* | modfedd, *inch* |
| darganfod, *to discover* | pwyso, *to weigh* |

'Iawn,' meddai'r plismon, 'o leiaf, gyda'r disgrifiad yna, mi fydd hi'n haws dod o hyd iddi hi.'

Ar ôl tridiau aeth Gwyn yn ôl at yr heddlu a gofynnodd o iddyn nhw oedden nhw wedi ffeindio ei fam.

'Pwy?' gofynnodd y plismon.

'Wel, dych chi'n gwybod,' meddai Gwyn, 'y ddynes un deg naw stôn gyda gwallt coch. Mae hi'n chwe throedfedd chwe modfedd, dim ond un llygad sy ganddi hi, mae hi'n gloff a . . . '

'O, ie,' meddai'r plismon, 'mae gen i newydd da i ti - dydyn ni ddim wedi dod o hyd iddi hi . . . '

Cellwair oedd y plismon ond roedd Gwyn yn meddwl ei fod o'n greulon, yn gwneud hwyl am ben ei fam. Felly, dyna oedd y rheswm pam doedd Gwyn ddim yn hoffi plismyn a dyna pam, meddai'r seiciatrydd, roedd y ffobia wedi datblygu.

Un diwrnod cafodd Gwyn brofiad ofnadwy. Roedd o'n eistedd mewn caffi yn cael pryd o fwyd a phaned o de. Dydd Sul oedd hi a doedd o byth yn "gweithio" ar y Sul. Roedd o wedi bod yn meddwl am ei fam ac roedd o'n teimlo braidd yn drist achos deng mlynedd yn union i'r diwrnod hwnnw y diflannodd hi; doedd neb wedi ei gweld hi ers y diwrnod hwnnw.

Yn sydyn, aeth Gwyn yn oer drosto. Daeth chwys oer i'w dalcen, aeth ei wyneb yn goch a dechreuodd o grynu fel deilen. Y rheswm am hyn oedd bod plismon yn cerdded i mewn i'r caffi. Neidiodd o ar ei draed yn sydyn a rhedodd o allan drwy'r drws gan adael ei fwyd. Roedd o'n llawn ofn a dychryn.

Pan welodd y plismon Gwyn yn rhedeg allan, meddyliodd, 'Rhaid bod hwn wedi torri'r gyfraith!' Felly, rhedodd o ar ei ôl o'n gyflym.

Roedd y plismon yn gyflymach na Gwyn achos roedd ganddo fo goesau hir a thraed mawr. Ar ôl tua hanner milltir, daliodd o Gwyn. Gafaelodd o'n dynn ym mreichiau Gwyn a'i ysgwyd.

'Wel, wel, helo, helo, helo, beth sy'n digwydd yma?' gofynnodd o. 'Pam mae gweld plismon yn codi ofn arnat ti? Beth wyt ti wedi ei wneud?'

haws, *easier*
dod o hyd i, *to find*
cellwair, *to joke*
datblygu, *to develop*

profiad, *experience*
talcen, *forehead*
cyfraith, *law*
gafael yn, *to get hold of*

'Dim byd! Dim byd!' meddai Gwyn, yn crynu fel deilen. 'Dw i ddim wedi gwneud dim byd drwg o gwbl - heddiw! Ar fy llw!'

'Wyt ti'n dweud y gwir?' gofynnodd y plismon yn amheus.

'Ydw, syr. Ydw!' atebodd Gwyn, gan faglu dros ei eiriau.

'Wel, ddylet ti ddim rhedeg i ffwrdd pan wyt ti'n gweld iwnifform plismon!'

'Na, digon teg,' atebodd Gwyn. 'Ond . . . y peth ydy . . . gadewch i mi egluro. Y peth ydy, rydw i'n dioddef gyda fy stumog. Mae'r doctor wedi dweud wrtho i am redeg hanner milltir yn syth ar ôl bwyta.'

'Wyt ti'n tynnu fy nghoes i?' gofynnodd y plismon, yn amheus. 'Pam wnest ti ddim stopio pan welaist ti fod plismon yn rhedeg ar dy ôl di?'

'Wel, syr,' meddai Gwyn, 'roeddwn i'n meddwl efallai eich bod chi'n dioddef gyda'ch stumog hefyd a'ch bod chi'n mynd at yr un doctor â fi!'

ar fy llw! *I swear!*                              tynnu fy nghoes, *pulling my leg*

yn amheus, *suspiciously*

# Pawb â'i Groes

YR OLYGFA - Ystafell fyw yn fflat Mr a Mrs Ffred Jones. Mae Ffred yn eistedd mewn cadair freichiau yn astudio papur newydd ac mae ganddo fo gwpon pyllau pêl-droed yn ei law. Mae Mari, ei wraig, yn sefyll wrth fwrdd bychan ac yn trefnu blodau mewn ffiol.

Mari:    O! Ffred! Wyt ti'n dal efo'r hen gwpon pêl-droed yna? Rwyt ti wedi bod yn eistedd yn y gadair yna heb ddweud yr un gair ers o leia ugain munud. Mae golwg od iawn arnat ti. Oes rhywbeth yn bod?

Ffred:    (yn fyfyrgar) Mmm? Rhywbeth yn bod? Na. Nac oes, does dim byd yn bod. Ond, Mari, rho'r gorau i edrych ar y blodau yna. Dw i'n meddwl y dylet ti eistedd i lawr a pharatoi dy hun am sioc.

Mari:    Sioc? Beth wyt ti'n feddwl? Paid dweud dy fod ti'n mynd i chwilio am waith!

Ffred:    Na, paid cellwair. Mae hyn yn bwysig. Wyt ti'n barod? Dw i'n meddwl ein bod ni wedi ennill ar y pyllau pêl-droed!

Mari:    (yn troi ac yn cymryd diddordeb sydyn ond dydy hi ddim yn dangos llawer o frwdfrydedd) Beth ddwedaist ti?

Ffred:    Dweud fy mod i - ein bod ni - wedi ennill y pŵls! (Erbyn hyn mae Ffred yn llawn cyffro.) Cwpon dydd Sadwrn diwetha ydy hwn ac rôn i wedi anghofio popeth amdano fo tan heddiw. Wrth lwc, roedd papur dydd Sul yn dal yma er mwyn i mi allu marcio'r timau. Ond ta waeth am hynny rŵan. Gwranda. Dim ond wyth gêm gyfartal sy ar y cwpon a dyn ni wedi cael yr wyth yn gywir! (Erbyn hyn mae Ffred ar ei draed ac yn neidio i fyny ac i lawr mewn llawenydd.)

Mari:    (yn dal yn ddigyffro) Fe gawn ni dipyn o arian felly. Faint wyt ti'n feddwl gawn ni? Cant neu ddau?

---

| | |
|---|---|
| astudio, *to study* | cellwair, *to joke* |
| trefnu blodau, *to arrange flowers* | brwdfrydedd, *enthusiasm* |
| ffiol, *vase* | llawn cyffro, *full of excitement* |
| golwg, *look, appearance* | ta waeth am hynny, *it doesn't matter about that* |
| myfyrgar, *thoughtful* | gêm gyfartal, *a drawn game* |
| rhoi'r gorau i, *to stop* | digyffro, *unmoved* |

**Ffred:** (yn rhoi'r gorau i'r neidio ac mae'n edrych yn syn ar Mari) Cant neu ddau? Cant neu ddau! Beth sy'n bod arnat ti, ddynes? Tria ddeall. Tria ddeall beth dw i'n ddweud. Mae wyth gêm gyfartal ar y cwpon a dyn ni wedi eu cael nhw'n gywir i gyd! Pob un! Pob un! Mae hynny'n golygu y cawn ni gannoedd o filoedd o bunnau! Chwarter miliwn efallai!

**Mari:** Chwarter mili . . . O! O! (Mae hi'n mynd yn simsan ar ei thraed ac yn rhoi ei llaw ar y bwrdd er mwyn atal ei hun rhag disgyn.) Chwarter miliwn! O! Rhaid i mi eistedd i lawr. Dw i'n crynu fel deilen. Dw i'n meddwl fy mod i'n mynd i lewygu! Dw i'n teimlo'n wan ac yn swp sâl hefyd! Tyrd â diod o rywbeth imi.

**Ffred:** (yn codi) Brandi? (Mae'n mynd at y cwpwrdd diodydd ac yn arllwys brandi i wydryn.) Yfa di hwn ac mi fyddi di'n teimlo'n well. Rwyt ti wedi cael sioc. Dyna pam rwyt ti'n teimlo'n sâl. Ond fyddi di ddim yn sâl pan weli di'r siec - siec am hanner miliwn o bunnau! Ie, hanner miliwn! Efallai mwy! Efallai tri chwarter miliwn! Hwrê! Hwrê! Dyma'r brandi.

**Mari:** (yn yfed y brandi) O! O! Dw i'n teimlo'n well rwan. Tri chwarter miliwn! Mi fyddwn ni'n gyfoethog! Yn gyfoethog iawn! Fydd dim rhaid i mi weithio byth eto a fydd dim rhaid i ti chwilio am waith chwaith.

**Ffred:** Gwaith? Paid sôn am weithio! O hyn ymlaen pobl eraill fydd yn gweithio i ni! Mi brynwn ni dŷ crand. Na, plasty mawr!

**Mari:** (yn llawn cyffro) Ac mi fydd gen i forwyn i wneud y gwaith tŷ. Na, dwy forwyn! Tair morwyn! A bwtler! Bydd rhaid i ti gael chauffeur i'r car! Pa fath o gar hoffet ti? Daimler?

**Ffred:** Daimler? Na, Rolls Royce. Dim ond y gorau o hyn ymlaen!

(Distawrwydd am ychydig. Mae'r ddau yn dechrau tawelu.)

**Mari:** (braidd yn bryderus) Ffred, wyt ti'n siŵr dy fod ti wedi postio'r cwpon?

**Ffred:** (yn edrych yn syn am eiliad) Y . . . Y . . . Ydw! Heb os nac oni bai! Dw i'n cofio mynd i'r Post ddydd Mercher diwetha a dw i'n cofio'n union beth ddwedodd Mrs Parri pan welodd hi fi'n llyfu'r stamp cyn ei roi o ar yr amlen. 'Gobeithio cewch chi lwc, Mr Jones, dw i fy hunan ddim yn credu mewn gamblo, ond, chwarae teg, pob lwc i chi

---

simsan, *unsteady*
llewygu, *to faint*
swp sâl, *sick as a dog*

pryderus, *anxious*
heb os nac oni bai, *without any doubt*
llyfu, *to lick*

'run fath.' Ydy, Mari, ydy, mae'r cwpon wedi ei bostio, rhaid i ni beidio poeni am hynny. Diolch byth! O! Mari, dychmyga! Miliwn o bunnau! Mae hynny'n bosibl.

Mari:   O! Ffred! Rwyt ti'n un lwcus. Edrycha mor lwcus roeddet ti - cael fy mhriodi i!

Ffred:  Y . . . Y. . . . Ie, siŵr.

Mari:   Pryd wyt ti'n meddwl y cawn ni'r pres?

Ffred:  Dw i ddim yn siŵr - yn weddol fuan, mae'n debyg. Wedi'r cwbl, mae hi'n ddydd Mawrth heddiw. Dw i'n mynd i ffonio Cwmni Littlewoods er mwyn gwneud yn siŵr fod popeth yn iawn. Mi a i i'r caban ffonio ar gornel y stryd. Mi fydda i'n ôl cyn pen dim a . . .

        ( Mae cloch y drws yn canu. Mae'r ddau yn edrych ar ei gilydd.)

Mari:   Gad i mi fynd i agor y drws. (Mae Mari'n mynd at y drws ac yn ei agor.)
        Ie?

Mr Huws: Mrs Jones?

Mari:   Ie.

Mr Huws: Noswaith dda. Chi ydy gwraig Mr Ffred Jones?

Mari:   Ie, dyna chi. Oes rhywbeth o'i le? (Mae Mr Huws yn dod i mewn.) Dyma fy ngŵr, Ffred.

Mr Huws: Noswaith dda, Mr Jones. Ac i ateb eich cwestiwn chi, Mrs Jones, na, does dim o'i le. Dim o gwbl. I'r gwrthwyneb. Geraint Huws ydy f'enw i, gyda llaw.

Ffred:  Dewch i mewn, Mr Huws.

Mr Huws: Diolch. Wel, Mr a Mrs Jones, mae gen i newyddion da iawn i chi. Well i mi gyflwyno fy hun yn iawn - fel dwedais i, Geraint Huws ydy'r enw . . . cynrychiolydd o Gwmni Littlewoods ydw i ac mae hi'n rhoi pleser mawr i mi allu dweud wrth y ddau ohonoch chi eich bod chi wedi ennill naw cant a hanner o filoedd o bunnau ar y pyllau pêl-droed. Llongyfarchiadau mawr i chi.

Mari:   Naw cant a hann . . . O! Mae hynny bron yn filiwn! O! Ar f'enaid i! Glywaist ti, Ffred? Glywaist ti?

i'r gwrthwyneb, *the opposite*        cynrychiolydd, *representative*
gyda llaw, *by the way*              ar f'enaid i, *upon my soul*
cyflwyno, *to introduce*

**Ffred:** (yn llyncu ac yn edrych yn syn) Do, do, mi glywais i. (Mae'n dod ato ei hun eto.) Beth alla i ddweud, Mr Huws, ond diolch yn fawr. Diolch yn fawr iawn. A diolch i chi am ddod yma'n bersonol i ddweud y newydd da.

**Mari:** Ie, wir! Ar f'enaid i!

**Mr Huws:** O! Bobl annwyl! Does dim rhaid i chi ddiolch i mi, Mr Jones bach, dyna ydy fy ngwaith i. Gyda llaw, wnaethoch chi ddim rhoi croes yn y blwch bach, hynny yw - yn y blwch "Dim Cyhoeddusrwydd". Felly, dw i'n cymryd yn ganiataol y byddwch chi'n fodlon i ni drefnu i chi gael mynd i westy moethus yng Nghaerdydd er mwyn i chi gael derbyn y siec oddi wrth Gymro adnabyddus?

**Mari:** Bodlon? Mi fyddwn ni wrth ein bodd! Dim ond i ni gael yr arian, yntê? Ha! Ha! Dyna sy'n bwysig! Cymro adnabyddus? Pwy all hwnnw fod tybed? John Ogwen? Harry Secombe? Tom Jones?

**Mr Huws:** Wel . . . na . . . dim yn hollol. Yr Archdderwydd . . . dyna pwy oedd gyda ni mewn golwg.

**Ffred:** (braidd yn siomedig) Yr Archdderwydd? O! Ie, yr Archdderwydd! Wel, ydy, mae hwnnw'n weddol bwysig, mae'n debyg.

**Mari:** O, ie, dw i'n hoffi'r Archdderwydd. Bydd, mi fydd hynny'n ardderchog - yn enwedig os bydd o'n gwisgo ei goban a'i gap crwn!

**Mr Huws:** Ie . . . Wel . . . fe gawn ni weld. Mae yna un pwynt bach arall ar fy meddwl i - rhywbeth mae'n rhaid i ni sôn amdano fo. Fel soniais i gynnau fach, ddaru chi ddim rhoi croes yn y blwch "Dim Cyhoeddusrwydd". Felly mae gen i un cwestiwn arall i'r ddau ohonoch chi. Eich agwedd chi tuag at y llythyrau ymbil, hynny yw - beth am y llythyrau ymbil - y "begging letters" chwedl y Sais?

**Ffred:** O! Peidiwch poeni! Fe fyddwn ni'n dal i anfon rheini!

cyhoeddusrwydd, *publicity*
adnabyddus, *well-known*
archdderwydd, *archdruid*
dyna pwy oedd gennyn ni mewn golwg,
*that's who we had in mind*

coban, *night-shirt*
gynnau fach, *just now*
agwedd, *attitude*
chwedl y Sais, *as they say in English*

# Hir Oes

'Ti'n gwisgo dy ffrog radio lleol y bore 'ma 'te,' meddai Cledwyn yn sarcastig wrth ei wraig.

'A beth mae hynna'n olygu?' gofynnodd Non yn flin.

'Ffrog efo sieciau bach!' meddai Cledwyn dan chwerthin.

'Ha! Ha! Cledwyn. Da iawn!' meddai Non, yr un mor sarcastig. 'Mae honna'n hen, hen jôc. Mae hi'n hen fel pechod. Os na fedri di wneud yn well na hynna, rho'r gorau iddi. P'un bynnag, rhaid i mi fynd. Dw i'n hwyr.' Gafaelodd Non yn ei pheiriant recordio ac aeth hi allan drwy'r drws.

Gohebydd gyda'r radio lleol oedd Non ac roedd hi'n hoffi'r gwaith yn fawr. Roedd hi wrth ei bodd yn mynd o gwmpas y wlad i holi pobl a mynd ar drywydd stori. Y bore yma roedd hi'n mynd i bentref cyfagos gyda'i gwaith.

Yn anffodus, yn ei rhan hi o'r wlad, ychydig o bethau diddorol oedd yn digwydd. Felly, roedd hi'n anodd dod o hyd i stori dda fel arfer. Ond, yn ddiweddar, roedd hi wedi clywed am stori ddiddorol mewn pentref lleol.

Roedd hi wedi clywed bod nifer o bobl hen iawn iawn yn byw yn y pentref hwnnw, ac roedd hi'n awyddus iawn i'w holi nhw. Roedd hi eisiau gwybod sut roedden nhw'n byw mor hen.

Roedd yr haul yn tywynnu pan gyrhaeddodd Non y pentref. Parciodd hi ei Mini ger yr eglwys a cherddodd hi i lawr i gyfeiriad sgwâr y pentref.

Yn sydyn, gwelodd hi dri hen ŵr yn eistedd ar fainc yn yr awyr iach. Roedden nhw'n edrych yn hen iawn iawn. Roedd un ohonyn nhw, yn arbennig, yn edrych yn ofnadwy o hen ac, yn amlwg, roedd o'n cysgu neu'n hanner cysgu.

Aeth Non atyn nhw a dywedodd hi wrth y ddau oedd yn effro,

'Bore da. Dw i'n gweithio i'r radio lleol. Fe hoffwn i ofyn cwestiwn neu ddau i chi, os gwelwch yn dda. Non Powell ydy'r enw ond galwch fi'n Non.'

'Bore da, Nan,' meddai un o'r ddau.

| | |
|---|---|
| hir oes, *a long life* | gafael yn, *to get hold of* |
| golygu, *to mean* | gohebydd, *reporter* |
| hen fel pechod, *as old as sin* | ar drywydd stori, *on the scent of a story* |
| rho'r gorau iddi! *let it drop! (idiom)* | cyfagos, *nearby* |
| p'un bynnag, *in any case* | awyddus, *eager* |

'Na, Non,' meddai Non.

'Pardwn?' meddai'r hen ŵr.

'Non ydy'r enw,' meddai Non yn uchel.

'Nan. Ie, Nan ddwedais i,' meddai'r hen ŵr. 'Does dim angen gweiddi.'

'Iawn,' ochneidiodd Non.

'Non, nid Nan, ydy ei henw hi,' meddai'r ail hen ŵr wrth yr hen ŵr cyntaf.

Yna, gan droi at Non, dywedodd,

'Dyna beth od, dyna oedd enw fy mam.'

'Nan?' gofynnodd Non.

'Nage, Non,' meddai'r ail hen ŵr, 'ond Nan roedden nhw'n ei galw hi hefyd. Dw i ddim yn gwybod pam.'

'Wyddoch chi, Nan,' meddai'r hen ŵr cyntaf (roedd o'n dal i alw Non yn Nan). 'Non oedd enw mam Dewi Sant. Mae'n well gen i'r enw Non na Nan. Dych chi'n cytuno, Nan?'

Erbyn hyn, roedd Non ar goll yn llwyr. Doedd hi ddim yn siŵr iawn beth i'w ddweud. Doedd hi ddim yn siŵr iawn beth oedd ei henw hi erbyn hyn.

'Well i mi fynd ymlaen i'w holi nhw,' meddyliodd, 'cyn i mi ddrysu.'

Roedd un o'r dynion yn dal i gysgu'n drwm ond troiodd hi at yr hen ŵr cyntaf a dweud,

'Dw i wedi clywed bod pobl yn byw yn hen iawn yma. Ga i ofyn i chi faint ydy'ch oed chi?'

'Wel, dw i'n naw deg chwech oed,' meddai'r hen ŵr cyntaf.

'Naw deg chwech oed! Beth, dych chi'n meddwl, ydy cyfrinach cael byw mor hen?'

'Dw i ddim yn smygu. Dw i byth yn yfed alcohol na dim byd felly a dw i'n mynd i'r capel bob bore Sul, ac yn mwynhau bywyd.'

'Ardderchog!' meddai Non. 'Dych chi wedi dod o hyd i'r gyfrinach heb os nac oni bai.'

Yna, gofynnodd Non yr un cwestiwn i'r ail hen ŵr.

'Wel, dw i'n gant a phump oed,' meddai'r ail hen ŵr. 'Dw i'n mynd i'r capel bob bore Sul ac i'r eglwys bob nos Sul, rhag ofn. Dw i byth yn bwyta cig.'

---

ar goll yn llwyr, *completely lost*

cyfrinach, *secret*

drysu, *to confuse / to become confused*

dim byd felly, *nothing like that*

heb os nac oni bai, *without a doubt*

rhag ofn, *in case*

Llysiau a bara brown ydy fy mwyd i. Dyna gyfrinach byw'n hen a mwynhau bywyd.'

Sylwodd Non yn sydyn fod y trydydd gŵr - yr un oedd yn edrych yn ofnadwy o hen - wedi deffro, ond roedd o'n edrych yn andros o flinedig hyd yn oed ar ôl cysgu am gymaint o amser. Gofynnodd hi'r un cwestiwn iddo fo.

'Dw i wedi clywed beth ddwedodd y ddau arall,' meddai'r trydydd gŵr. 'Mae'r ddau yn mynd ar fy nerfau i. Mwynhau bywyd, wir! Dw i'n yfed potelaid o wisgi bob dydd. Dw i'n smygu hanner cant o sigarets bob dydd. Dw i byth yn mynd i'r capel nac i'r eglwys. Dw i'n bwyta cig a bara gwyn. Dw i'n treulio bob dydd yn y dafarn gyda merched ifanc a . . .'

'Bobol annwyl!' meddai Non, gan dorri ar ei draws. 'Mae hyn yn anhygoel! Yn ffantastig! A faint ydy'ch oed chi?'

'Bydda i'n dri deg tri tro nesa.'

andros o flinedig, *extremely tired*          hyd yn oed, *even*

73

# Diolch am Ddoctoriaid!

Aeth Geraint Pugh i weld y doctor.

'Bore da,' meddai'r doctor, 'beth ydy'r broblem, Mr Pugh?'

'Wel, Doctor,' meddai Geraint, 'gobeithio gallwch chi fy helpu i. Dw i'n iawn yn y nos. Dim problem. Ond, yn y bore pan fydda i'n cyrraedd y swyddfa, mae fy wyneb yn mynd yn goch i gyd a dw i'n ei chael hi'n anodd anadlu. Dw i'n teimlo mod i'n mygu.'

'Tynnwch eich dillad,' meddai'r doctor. 'Gadewch i mi weld beth ydy'r broblem. Gorweddwch fan hyn.'

Tynnodd Geraint ei ddillad a gorweddodd ar y gwely bach. Dechreuodd y doctor ei archwilio fo. Ar ôl tua phum munud o wrando ar ei galon, cymryd ei byls a'i daro fo ar ei ben-glin gyda morthwyl bach, dywedodd y doctor,

'Mae rhywbeth yn bod ar eich iau. Rhaid i ni dynnu'ch iau chi.'

Aeth Geraint i'r ysbyty ac, ymhen pythefnos, daeth o allan o'r ysbyty heb ei iau. Roedd o'n teimlo'n weddol a'r bore trannoeth aeth o'n syth yn ôl i'w waith. Ond, ar ôl cyrraedd y swyddfa y bore cyntaf, edrychodd o yn y drych a gwelodd o fod ei wyneb yn goch i gyd ac roedd o'n teimlo ei fod o'n mygu. Roedd o'n cael problem anadlu.

Wel, y tro 'ma, penderfynodd Geraint fynd i weld doctor preifat. Arbenigwr enwog oedd hwn, y gorau yn y wlad. Eglurodd Geraint beth oedd y broblem, ac archwiliodd yr arbenigwr o'n fanwl.

'Ar y stumog mae'r bai,' meddai'r arbenigwr. 'Rhaid i ni dynnu hanner eich stumog chi. Fe fyddwch chi'n iawn wedyn.'

Ar ôl bod mewn clinig preifat am fis daeth Geraint adref heb hanner ei stumog. Tra roedd o'n gwella ac yn cryfhau yn y clinig, roedd Geraint yn hapus. Doedd ei wyneb ddim yn mynd yn goch. Doedd o ddim yn teimlo ei fod o'n mygu a doedd o ddim yn ei chael hi'n anodd anadlu. Aeth o adref o'r clinig yn ddyn hapus.

| | |
|---|---|
| anadlu, *to breathe* | pen-glin, *knee* |
| mygu, *to suffocate* | iau, *liver* |
| archwilio, *to examine* | arbenigwr, *specialist* |

Y bore trannoeth, roedd o ar ei ffordd i'r swyddfa. Yn sydyn, teimlodd o'i wyneb yn mynd yn goch i gyd. Roedd o'n teimlo ei fod o'n mygu ac roedd o'n cael problem anadlu. Pan gyrhaeddodd o'r swyddfa roedd golwg ofnadwy arno fo. Roedd y rheolwr wedi dychryn a galwodd o ar ambiwlans ar unwaith i fynd â Geraint i'r ysbyty.

Doedd y doctoriaid ddim yn gwybod beth i'w wneud. Yn y diwedd, gofynnon nhw i arbenigwr o America ddod i'w cynghori nhw. Treuliodd yr Americanwr hanner awr yn archwilio Geraint ac yna penderfynodd o fod yn rhaid iddyn nhw dynnu ei aren chwith, un o'i ysgyfaint a darn bach arall o'i stumog.

Ar ôl pedwar mis yn ei wely yn yr ysbyty roedd golwg ofnadwy ar Geraint ond, o leiaf, roedd o'n gallu sefyll ar ei draed gyda help ffon.

Daeth y doctor o America'n arbennig i'w weld o a dywedodd o wrth Geraint,

'Dyna chi. Fyddwch chi ddim yn teimlo eich bod chi'n mygu eto. Fyddwch chi ddim yn cael problem anadlu a does dim rhaid i chi boeni ynglŷn â'ch wyneb yn mynd yn goch. Dyn ni wedi datrys y broblem. Ond nawr, yn anffodus, dim ond chwe mis sy gennych chi i fyw.'

'Wel, fel yna mae hi,' meddai Geraint, gan godi ei ysgwyddau. 'Dw i'n mynd i wneud y gorau o bethau a mwynhau'r misoedd sy gen i ar ôl.'

Wrth lwc, roedd ganddo fo ddigon o arian. Penderfynodd o fynd i fyw mewn gwesty moethus yng Nghaerdydd. Ond, yn gyntaf, roedd angen dillad newydd arno fo.

Aeth o i mewn i siop fawr enwog a phrynodd o bump o siwtiau newydd. Prynodd o ugain tei a naw pâr o sgidiau.

'Hefyd,' meddai wrth y dyn yn y siop, 'dw i eisiau crysau newydd. Un y dydd am chwe mis. Cant wyth deg o grysau, felly!'

'O'r gorau, syr,' meddai'r dyn. 'Gadewch i mi gymryd y tâp mesur i mi gael gwybod maint y goler. Ie, dyna ni, un deg chwech. Maint coler - un deg chwech.'

'Na,' meddai Geraint, 'maint coler un deg pump!'

'Na, syr,' meddai'r dyn, 'dw i newydd fesur - maint coler un deg chwech.'

| | |
|---|---|
| cynghori, *to advise* | ffon, *stick* |
| aren, *kidney* | datrys, *to solve* |
| ysgyfaint, *lungs* | ysgwydd,-au, *shoulder,-s* |

'Na, un deg pump!' meddai Geraint yn flin.

'Wel, o'r gorau, syr,' meddai'r dyn. 'Chi ydy'r cwsmer. Dw i ddim yn mynd i ddadlau. Ond, os wnewch chi wisgo crysau gyda choleri maint un deg pump, bydd eich wyneb chi'n mynd yn goch, byddwch chi'n teimlo eich bod chi'n mygu a byddwch chi'n cael problem anadlu.'

dadlau, *to quarrel*

# Annwyl Siôn Corn

Roedd Robin Ogwen newydd gael ei ben-blwydd yn chwech oed. Roedd ei fam a'i dad yn ei garu yn fawr iawn ond doedd Robin ddim yn fachgen bach hapus iawn. Y rheswm am ei dristwch oedd y ffaith bod ei rieni yn dlawd iawn ac roedd bywyd yn anodd i'r teulu.

Roedd hi'n fis Rhagfyr a dim ond tair wythnos oedd i fynd cyn y Nadolig. Ryw fore, cafodd Robin syniad. 'Dw i'n mynd i ysgrifennu llythyr at Siôn Corn,' meddai o wrtho'i hun, 'dw i'n siŵr y bydd o'n gallu fy helpu i.' Eisteddodd o i lawr wrth y bwrdd yn y gegin ac, ar ôl gwneud min ar ei bensil, dechreuodd o ysgrifennu'r llythyr canlynol:

*Annwyl Siôn Corn,*

*Mae'n ddrwg gen i'ch poeni chi ond mae angen help arna i. Mae Dadi wedi bod allan o waith ers dwy flynedd ac mae Mam yn wael iawn. Mae fy mrodyr a fy chwiorydd yn dioddef hefyd. Does dim digon o arian yn dod i'r tŷ i brynu bwyd a dillad iddyn nhw ac mae'r plant yn yr ysgol yn chwerthin am eu pennau nhw am fod ganddyn nhw dyllau yn eu dillad a'u hesgidiau. O Siôn Corn, dw i'n siŵr eich bod chi'n gallu gweld fod bywyd yn anodd ac yn drist iawn yn ein cartref bach ni. Siôn Corn, mae'n ddrwg gen i ofyn hyn, ond ydy hi'n bosibl i chi anfon ugain punt ata i? Maddeuwch i mi am ofyn am arian ond dw i'n teimlo'n drist dros fy nhad a fy mam a dw i'n siŵr y cawn ni Nadolig Llawen os cawn ni ychydig o arian. Diolch, Siôn Corn.*

*Yn gywir iawn,*

*Robin.*

Y bore canlynol roedd y postmyn yn dosbarthu'r llythyrau ar gyfer eu hanfon nhw i'r gwahanol rannau o'r wlad. Gan fod llythyr Robin wedi cael ei gyfeirio at Siôn Corn doedden nhw ddim yn gwybod beth i'w wneud. Doedd

---

| | |
|---|---|
| newydd gael, *just had* | twll, tyllau, *hole,-s* |
| tristwch, *sadness* | maddeuwch i mi, *forgive me* |
| tlawd, *poor* | dw i'n siŵr y cawn ni . . ., *I'm sure that we'll* |
| min, *point* | have . . . |
| dioddef, *to suffer* | |

yr un ohonyn nhw'n gwybod beth oedd cyfeiriad cywir Siôn Corn, felly doedd ganddyn nhw ddim dewis ond agor yr amlen ac edrych beth oedd cyfeiriad Robin er mwyn iddyn nhw anfon y llythyr yn ôl ato fo. Wedi'r cwbl, roedd hi'n amhosibl anfon y llythyr ymlaen ac roedd rhaid dilyn rheolau'r Post Brenhinol. Ond pan welodd y postmyn y llythyr, roedden nhw wedi eu cynhyrfu yn fawr iawn ac roedd o leia dau ohonyn nhw'n crïo wrth feddwl am y teulu bach tlawd.

Yn sydyn, cafodd un postmon syniad, 'Mi wnawn ni hel ychydig o arian,' meddai o, 'ac yna anfon yr arian at y bachgen bach, gan smalio mai Siôn Corn sy'n ei anfon o!' Cytunodd pob un o'r postmyn eraill ar unwaith ac, ar ôl casglu deg punt a'u rhoi nhw mewn amlen, aeth un o'r postmyn â'r amlen i dŷ Robin.

Dri diwrnod yn ddiweddarach roedd y postmyn yn dosbarthu'r llythyrau fel arfer, ac fe welodd un ohonyn nhw amlen arall wedi ei chyfeirio at Siôn Corn. Tynnodd y llythyr o'r amlen a dechreuodd o ddarllen yn uchel:

*Annwyl Siôn Corn,*

*Diolch yn fawr am yr arian ond, gwaetha'r modd, mae rhaid imi ddweud wrthoch chi fod yr hen bostmyn drwg yna wedi cadw deg punt iddyn nhw eu hunain.*

*Yn gywir iawn,*

*Robin.*

---

dosbarthu, *to sort*          cynhyrfu, *to be moved*
amlen, *envelope*             smalio, *to pretend*

# Addysgu Huw

Tua blwyddyn yn ôl, cafodd tad Huw lythyr o'r ysgol. Llythyr oddi wrth y prifathro oedd o yn gofyn iddo fo alw yn yr ysgol ar unwaith. Roedd y prifathro eisiau ei weld o ar fater pwysig.

Roedd golwg blin ar y prifathro pan aeth tad Huw i mewn i'w stydi.

'Rwan, Mr. Jones,' meddai'r prifathro. 'Mae gen i rywbeth pwysig i'w drafod gyda chi. Mae'n ddrwg gen i ddweud hyn, ond dydy Huw, eich mab, ddim yn gwneud yn dda iawn yn yr ysgol. I ddechrau, mae o'n hogyn drwg. Mae o'n siarad ac yn gwneud sŵn yn y dosbarth. Mae o'n tynnu gwallt y genethod ac yn ymladd gyda'r hogiau eraill yn aml. Ond yn waeth na hyn i gyd, mae o'n anonest! Mae o'n copïo gwaith yr hogyn sy'n eistedd wrth ei ymyl o! Mae hynny'n anfaddeuol!'

'Copïo?' meddai tad Huw. 'Mae hi'n anodd credu hynny.'

'Wel, gwrandewch ar hyn,' meddai'r prifathro. 'Roeddwn i wedi rhoi cwestiynau i'r dosbarth yn y wers Hanes y dydd o'r blaen. Dyma atebion eich mab, a dyma atebion yr hogyn sy'n eistedd wrth ei ymyl o. Edrychwch ar y cwestiynau a'r atebion. Er enghraifft: "Pryd oedd Brwydr Hastings?" Ateb "1068"!'

'O, wel,' meddai tad Huw, 'dydy hynny ddim yn profi bod fy mab i'n copïo. Achos mae'r ateb yn gywir - neu'n weddol gywir. Felly does dim eisiau synnu bod y ddau wedi cael yr un ateb.'

'O'r gorau,' meddai'r prifathro, 'ond edrychwch ar yr ail gwestiwn: "Pwy oedd Adolf Hitler?" Mae'r ddau wedi rhoi'r un ateb, sef - "Arlywydd America"!'

'O, wel,' atebodd y tad, 'dw i'n gwybod bod hynna'n anghywir ond, wedi'r cyfan, mae hi'n ddigon cyffredin i ddau wneud yr un camgymeriad. Dydy hynny ddim yn amhosibl. Dydy hynny ddim yn profi bod Huw yn copïo.'

'O'r gorau,' meddai'r prifathro â'i wyneb yn goch. 'Edrychwch rwan ar y trydydd cwestiwn: "Faint o wragedd oedd gan Harri'r Wythfed?" "Dydw i ddim

addysgu, *to educate*
golwg blin, *an annoyed expression*
ymladd, *to fight*
anfaddeuol, *unforgivable*

brwydr, *battle*
profi, *to prove*
synnu, *to be surprised*
arlywydd, *president*

yn gwybod," oedd ateb yr hogyn sy'n eistedd wrth ymyl Huw, ac ateb Huw i'r un cwestiwn oedd "Dydw i ddim yn gwybod chwaith!'"

Y tymor canlynol, achos bod tad Huw yn anhapus gyda'r addysg yn yr ysgol yna, anfonodd o Huw i ysgol arall. Ar ôl bod yno am tua thri mis, gofynnodd y prifathro i Huw ddod i'w weld. Pan gyrhaeddodd Huw y stydi roedd hogyn arall yn sefyll wrth y drws yn disgwyl mynd i mewn i weld y prifathro. Cafodd Huw fynd i mewn yn gyntaf.

Eisteddodd Huw yn y gadair o flaen y prifathro.

'Wel, Huw,' meddai'r prifathro. 'Dydy hyn ddim yn ddigon da! Dydy hyn ddim yn ddigon da o gwbl! Dwyt ti'n dysgu dim. Rwyt ti'n hollol dwp! Edrycha ar dy farciau di: Mathemateg - dau farc allan o gant, Saesneg - naw allan o gant, Cymraeg - chwech allan o gant, ac, yn waeth byth, Hanes Cymru - dim allan o gant! Rwan, dw i'n mynd i ofyn cwestiynau i ti. Yn gyntaf, Hanes Cymru. Pwy gyfieithodd y Beibl i'r Gymraeg?'

Edrychodd Huw yn syn ar y prifathro. Doedd ganddo fo ddim syniad beth oedd yr ateb. Felly, ddywedodd o ddim gair.

'William Morgan! William Morgan!' gwaeddodd y prifathro yn wyllt.

Pan glywodd o'r enw cododd Huw o'i gadair a dechreuodd o gerdded at y drws.

'I ble rwyt ti'n mynd?' gwaeddodd y prifathro.

Ac meddai Huw,

'Rôn i'n meddwl eich bod chi'n galw ar yr hogyn sy tu allan i ddod i mewn, syr!'

---

chwaith, *either*
y tymor canlynol, *the following term*
yn waeth byth, *worse still*

cyfieithu, *to translate*
yn syn, *surprised*